Wissenschaftliche Abhandlungen und Reden zur Philosophie, Politik und Geistesgeschichte
XII

GERHARD LEIBHOLZ

Die Auflösung der liberalen Demokratie in Deutschland und das autoritäre Staatsbild

Meiner Frau zugeeignet

Die Auflösung der liberalen Demokratie in Deutschland und das autoritäre Staatsbild

VON

GERHARD LEIBHOLZ

o. ö. Professor der Rechte a. d. Universität Göttingen

MÜNCHEN UND LEIPZIG / 1933
VERLAG VON DUNCKER & HUMBLOT

Alle Rechte vorbehalten

Piersche Hofbuchdruckerei Stephan Geibel & Co., Altenburg (Thür.)

Vorwort.

Der vorliegenden Abhandlung liegt ein im November vorigen Jahres gehaltener Vortrag zugrunde, der inhaltlich nach einzelnen Richtungen hin ergänzt und durch eine Reihe von Anmerkungen erweitert worden ist. Ihm liegt die heute immer mehr Allgemeingut werdende Auffassung zugrunde, daß es eine voraussetzungslose, wertfreie Wissenschaft nicht gibt, daß jede Erkenntnis eine bestimmte Stellungnahme und Werthaltung voraussetzt, und daß insbesondere die öffentlich-rechtlichen Disziplinen in diesem Sinne einen besonderen, nämlich politischen Akzent haben. Deshalb hören aber diese Disziplinen noch nicht auf, Gegenstand echter wissenschaftlicher, d. h. sachlich gebundener Erkenntnis zu sein. Politische Einsichten vortragen, politisches Recht handhaben, enthält nicht einen Freibrief für jede Trübung menschlichen Erkenntnisvermögens, nicht eine Rechtfertigung jeder willkürlich politisch-subjektivistischen Befangenheit. Im Gegensatz zu den „schlechten" Werturteilen, die in der reinen Sphäre der Subjektivität des Ichs verhaftet sind, stehen die zwar auch subjektiven, aber seinsverhafteten Einsichten, die in reiner Sachhingegebenheit an der politischen Wirklichkeit und den gegebenen politischen Phänomenen orientiert sind, ohne daß diese mit den intendierten des geschriebenen Normensystems übereinstimmen müssen. Wird auch diese Bindung des Beurteilers subjektivistisch aufgelöst und jede Intention objektiver Gegenstandserfassung für eine Selbsttäuschung erklärt, so wird nicht nur jede Objektivität, sondern auch die Wahrheit selbst und damit das Fundament jeder wissenschaftlichen Haltung in Frage gestellt. Ein solcher krasser und zwar schlechter, entarteter Liberalismus würde dazu führen, daß man sich über die zentralsten Begriffe der Staats- und Verfassungstheorie sozusagen apriorisch nicht mehr verständigen könnte, und daß ganz mit Recht z. B. Demokratien als Diktaturen und Diktaturen als Demokratien ausgegeben werden. Eine solche Art der Betrachtung hat nicht mit Unrecht schon im 18. Jahrhundert gerade der Staatsrechtslehre den Namen „scienza delle circonstance" eingetragen.

Unbeschadet des Wissens um die Notwendigkeit der Subjektivität ist hiernach die vorliegende Abhandlung getragen von der Intention, die so radikal veränderte, politische Wirklichkeit, soweit sie Ende vorigen Jahres bereits sichtbar war, in ihrer Eigengesetzlichkeit zu erschließen und dem Willen, die gegenwärtige Lage insbesondere der Demokratie „strukturgerecht" zu erfassen. Erst eine solche Deutung der politischen Wirklichkeit ermöglicht auch, ohne daß mit den ebenso populären wie wissenschaftlich unbrauchbaren Kategorien von Schuld und Vorwerfbarkeit operiert werden muß, die strukturellen Veränderungen des künftigen Staatsbildes mit einer gewissen Verläßlichkeit aufzuzeigen.

Göttingen, im März 1933.

Gerhard Leibholz.

Inhaltsverzeichnis.

	Seite
I. Der Begriff der Demokratie	9

Demokratie als Staatsform S. 9. — Religiöse Grundlage der Demokratie S. 9. — Das Prinzip der Volkssouveränität S. 10. — Demokratie und politisch-individuelle Freiheit S. 11. — Die Demokratie und das Prinzip der Gleichheit S. 12. — Die Willensbildung in der Demokratie: a) Das Prinzip der Identität S. 14. b) Das Mehrheitsprinzip S. 15. — Mögliche politische und ökonomische Existenzformen der Demokratie S. 18.

II. Die liberale Demokratie 21

Verbindung von Demokratie und Liberalismus S. 21. — Das metaphysische System des Liberalismus S. 22. — Die Grundrechte S. 23. Die Freiheitsrechte im 19. Jahrhundert S. 24 und in der Weimarer Verfassung S. 25. — Der repräsentative Parlamentarismus S. 28. — Das Gewaltenteilungssystem S. 29. — Der Rechtsstaatsgedanke in seiner klassischen Ausprägung S. 30. — Verschiedene Erscheinungsformen des Rechtsstaates S. 32.

Das politische System des Liberalismus S. 34. — Der politische Freiheitsbegriff des Liberalismus S. 35. — Der konservative Charakter der liberalen Demokratien S. 37. — Die Idee des Nationalstaates und die liberale Demokratie S. 39.

III. Die Auflösung der liberalen Demokratie 40

Die Funktionsvoraussetzungen der liberalen Demokratie S. 40. — Die Relativierung der Demokratie durch den Liberalismus S. 42. — Die bürgerliche Gesellschaft als das Produkt des ökonomischen Liberalismus S. 43. Der Bürger als „citoyen" und „bourgeois" S. 45. Der Antagonismus von Staat und Gesellschaft S. 45. Der Marxismus S. 47. Der Staat als Produkt der Selbstorganisation der Gesellschaft S. 47. Die politische Einheit des Staates in der Gegenwart S. 48. — Der Mangel der politisch-sozialen Homogenität als die wahre Ursache der Krise der liberalen Demokratie S. 49.

Die Eigengesetzlichkeit der Demokratie und ihre Wendung gegen den Liberalismus S. 50. — Die repräsentativ-parlamentarische Demokratie und der massendemokratische Parteienstaat S. 51. — Das Mehrheits- und Verhältniswahlsystem S. 52. — Konsequenzen aus der parteienstaatlichen Massendemokratie: a) für die Führerauslese S. 53, b) für die Erscheinungsformen der unmittelbaren Demokratie S. 53, c) für das Verhältnis von Volk und Parlament S. 53.

IV. Die Umrisse des neuen Staatsbildes. 54

Das Gesetz der Polarität des Sozialen S. 54. — Die Wiederbelebung der politischen Metaphysik S. 55. Verschiedene Ausdrucksformen politisch-religiöser Gläubigkeit S. 57. Die Tendenz zur politischen Konfessionalisierung S. 59.

Prinzip und Legitimierung der Autorität S. 60. — Die plebiszitäre Unterbauung der Autorität S. 61. — Der autoritäre Staat S. 63. — Die „natürlichen" Ordnungen und Gliederungen innerhalb des autoritären Staates S. 64. — Entwicklungstendenzen in der Verfassungspraxis S. 66, insbesondere in Deutschland S. 67. — Der totale Staat S. 68. — Die Alternative S. 70. — Die deutsche Lage: a) die germanische Freiheitsidee S. 72, b) das deutsche Bildungserlebnis S. 73, c) der Protestantismus S. 74. Die Reform der Weimarer Verfassung S. 75. — Der autoritär-totale Staat und sein Verhältnis zur Demokratie S. 76 und Diktatur S. 77. — Demokratie und Diktatur S. 77. Die souveräne Diktatur S. 78. — Die Diktatur und ihr Verhältnis zur Demokratie S. 78.

I.

Jede echte Staatsform setzt einen festen Bestand von politisch-materialen Werten voraus, durch die die staatliche Gemeinschaft glaubensmäßig legitimiert und inhaltlich zusammengehalten wird. Jede politische Staatsform wird hierdurch zugleich im Metaphysischen begründet. Denn das Politische, das stets auf ein überhistorisch-objektives Ziel gerichtet ist, ist immer im Irrationalen verhaftet. In diesem Sinne ist die Demokratie ebenso wie früher die Monarchie eine echte, politische, „durch einen Inhalt zusammengehaltene Staatsform"[1], die über einen festen „bloc des idées incontestables"[2] verfügt. Durch diese erhält die Demokratie die für jedes Volk auf Grund von Anlage und Umständen näher zu bestimmende Substanz, das ihr eigene Pathos und objektiv metaphysisch bestimmte Ethos.

Insbesondere die moderne Demokratie ist religiös verwurzelt. Sie ist aus Kalvinismus und Puritanismus, den großen Prinzipien der Religions- und Gewissensfreiheit und der inneren Vereinsamung des religiösen Menschen herausgewachsen[3]. In diesem Sinne wird auf englischem Boden zu Zeiten Cromwells die Demokratie zuerst bezeichnet als „a religious and moral principle" und als „the translation into nontheological language of the spiritual priesthood of all believers"[4]. Nicht zufällig hat sich daher die

---

[1] In diesem Sinne vor allem schon die grundsätzlichen Bemerkungen bei Smend, Verfassung und Verfassungsrecht, 1928, S. 113f.; vgl. auch Schindler, Verfassungsrecht und soziale Struktur, 1932, S. 141 und zum folgenden noch S. 136f. Ferner etwa Gerber, Die weltanschaulichen Grundlagen des Staates 1930, insbesondere S. 4, 10.

[2] Auf diese Wendung von Hauriou hat bereits Smend a. a. O. S. 69 hingewiesen.

[3] Näher Max Weber, Gesammelte Aufsätze zur Religionssoziologie, 1920, I, S. 93ff.

[4] Lindsay, The Essentials of Democracy, 1929, S. 13; dort auch insbesondere S. 20f. die für den ursprünglich religiös-mystischen Charakter

moderne Demokratie zuerst gerade in den protestantischen Ländern entwickelt, die in der späteren Folgezeit die religiösen Werte säkularisiert haben. Letzten Endes sind es diese säkularisierten, religiösen Werte, „les dogmes de la Mystique démocratique"[5], die die Demokratie bis weit hinein in die Gegenwart funktionsfähig erhalten und ihr die spezifische Substanz und „Weltanschauung" vermittelt haben, ohne die eine volkhaft homogene, politische Gemeinschaft nicht möglich ist[6].

Die materialen Werte nun, an denen sich die Demokratie orientiert, sind die politischen Prinzipien der Freiheit und Gleichheit. Sie sind die konstanten Strukturelemente, die jeder Demokratie immanent sind, sozusagen die metaphysischen Voraussetzungen der Demokratie, durch die diese zugleich sich als echtes politisches Formprinzip erweist.

Als Ausdruck des substantiell gewendeten Freiheitsprinzips ist der Demokratie vor allem das Prinzip der als dauernd wirksam gedachten Volkssouveränität eigen. Dieses in der französischen Revolution mit besonderem Nachdruck proklamierte Prinzip besagt, daß das Volk, von dem, wie die geschriebenen Verfassungen zu sagen pflegen, „alle Staatsgewalt ausgeht", als Subjekt und Träger der verfassunggebenden Gewalt, als ausschlaggebende Machtquelle den staatlichen Willen formiert, d. h. die obersten politischen und maßgeblichen Gerechtigkeitsentscheidungen entweder unmittelbar selbst trifft oder durch vom Volk legitimierte, kompetenzmäßig beschränkte, repräsentative Instanzen fällen läßt[7]. Dabei ist unter Volk in diesem Zusammenhang nicht etwa atomistisch die Summe der Staatsangehörigen oder Wahl- und Stimm-

---

der modernen Demokratie interessanten und aufschlußreichen Debatten über die „democratic government".

[5] Rougier, La Mystique démocratique, 1929.

[6] Über die Notwendigkeit eines besonderen demokratischen Geistes Masaryk, Les Problèmes de la Démocratie, 1924, S. 63f.

[7] Ähnlich im Anschluß an Le Fur, L'équivoque démocratique, 1914, S. 19, Dendias, Le Renforcement des pouvoirs du Chef de l'Etat dans la Démocratie parlementaire, 1932, S. 9: „La Démocratie est le régime adopté par les pays où tout pouvoir émane du peuple ... en ce sens qu'il n'existe en ce pays donné aucune autorité qui ne tienne ses pouvoirs du peuple." Zum Wesen der Souveränität aus der jüngeren deutschen Literatur Heller, Die Souveränität, 1927, insbesondere S. 101 ff.

berechtigten[8], sondern die mit dieser Summe nicht identische, überindividuelle geistige Gemeinschaft zu verstehen, die als lebendige, konkrete Totalität zugleich auch das Erbe vergangener Generationen wie im Keim das Leben zukünftiger Geschlechter umfaßt[9]. Die auf das Volk als den „souveränen Demiurg aller politischen Wirklichkeit" (Ziegler)[10] bezogene Freiheit hat hiernach ebenso wie die volonté générale einen grundsätzlich universalistisch-kollektivistischen Charakter.

Und in der Tat ist die individuelle Freiheit in der Demokratie selbst nur als politische Freiheit, nämlich nur als Freiheit im Staat, insoweit gesichert, als der letzten Endes aus den Individualwillen hervorgehende, souveräne Gemeinwille des Volkes ohne eine freie politisch-individuelle Willensbildung, die als Randsphäre auch ein bestimmtes Maß staatsbürgerlicher Freiheit voraussetzt, sich nicht konstituieren läßt[11]. Diesen Bereich der politisch individuellen Freiheit hat es auch in der antiken, attischen Demokratie gegeben. Sie ist das Öl, mit dem jede Demokratie gesalbt ist, und die sie

---

[8] In diesem Sinne z. B. noch heute zu Art. I Abs. 2 der Weimarer Reichsverfassung Thoma, Handbuch des deutschen Staatsrechts, Bd. I (1930), S. 187, und Anschütz, Kommentar zur RV. (14. Auflage, 1932, zu Art. I Abs. 2), S. 38.

[9] Zu diesem Volksbegriff, der, wie jüngst Wilk, Die Staatsformbestimmung der Weimarer Reichsverfassung, 1932, insbesondere S. 102f., 119f., 141 dargetan hat, auch der Weimarer Verfassung zugrunde liegt, mit weiteren Literaturnachweisen Leibholz, Das Wesen der Repräsentation, 1929, S. 44f. Ferner noch in der gleichen Richtung Jacobi, Reichsverfassungsänderung in der Festgabe für das ReichsgerichtI (1929), S. 243; Gurvitch, Le principe démocratique et la démocratie future in Revue de Métaphysique et de Morale, Bd. 36 (1929), S. 407f., der das Volk in bezug auf seine Souveränität als „une totalité concrète qui se détermine elle même", als „unité collective" usw. bezeichnet.

[10] Ziegler, Die moderne Nation, 1931, S. 98f.

[11] Ähnlich Kirchheimer-Leites, Archiv für Sozialwissenschaft und Politik, Bd. 68 (1933), S. 458f.; Thoma, Handbuch des deutschen Staatsrechts I, S. 190, rechnet zu dieser Randsphäre staatsbürgerlicher Freiheit die Freiheit der Presse, der Versammlungen und Vereinigungen. Anders wie im Text Kelsen, Verhandlungen des 5. deutschen Soziologentages 1927, z. B. S. 65, der entsprechend seiner liberalistischen Grundhaltung gegenüber dem Begriff der Demokratie diese überhaupt auf den individuellen Freiheitswert zurückführt; ähnlich auch Pribram ebenda, S. 100. Dagegen von sozialistisch-marxistischer Einstellung aus schon Adler ebenda S. 94 und zuvor schon Politische oder soziale Demokratie, 1926, S. 56f.

mit einem gewissen Recht als eine „synthèse d'individualisme et d'universalisme"[12] erscheinen läßt. Gegen diese politisch-individuelle Freiheit, die nicht ein Produkt des Liberalismus ist, kann sich daher die Demokratie nur richten, wenn sie damit gleichzeitig ihren eigenen Bestand in Frage stellen will.

Weiterhin gehört als Ausdruck des Prinzipes der Gleichheit immanent zu jeder Demokratie, daß alle Staatsbürger an den grundlegenden, politischen Entscheidungen im Gegensatz zum sogenannten Privilegienstaat in gleicher Weise beteiligt sind. Dieses Prinzip der Gleichheit setzt eine substantielle Gleichheit und damit eine bestimmt geartete Homogenität voraus. Diese Homogenität ist eine politische und nicht gesellschaftlich-soziale, wobei allerdings der Mangel sozialer Ausgeglichenheit möglicherweise das politische Homogenitätsbewußtsein in Frage stellen kann. Diese Gleichheit der politischen Rechte ist notwendig, weil ohne sie auch eine Freiheit des Kollektivums als homogen-politischer Einheit, eine Selbstbestimmung des Ganzen, nicht möglich ist. Insoweit ist die Gleichheit „une fonction du tout" und gehören individuelle, politische Freiheit und Gleichheit strukturell zusammen.

Dabei läßt sich allerdings nicht apriorisch sagen, wann im Einzelfall eine Beteiligung der Aktivbürger an der staatlichen Willensbildung eine „gleiche" ist, und in welchen konkreten, politischen Formen — ob in der Form der unmittelbaren Demokratie, der Form von Wahlen repräsentativer oder massendemokratischer Parlamente, der Form einer echten Akklamation, einer plebiszitären Bestätigung eines bestimmten Regierungskurses oder schließlich sogar möglicherweise nur in der Form eines statistisch allerdings schwer erfaßbaren, stillschweigend freiwilligen Konsenses der Masse — die „Gleichheit" der Willensbeteiligung ihren rechtlich organisierten Ausdruck findet. Der Begriff der Gleichheit ist, wie auch sonst, so im Rahmen der Demokratie wertmäßig axiomatisch nicht festzulegen — auch nicht rein zahlenmäßig, wie z. B. Aristoteles[13],

---

[12] So Gurvitch a. a. O. S. 440, der aber im folgenden den Bereich der individuellen Freiheitssphäre umfänglich weiter zieht und hierdurch der Demokratie ein wesensmäßig liberales und individualistisches Gepräge gibt.

[13] Aristoteles, Politik 1317b. Ein die Gleichheit der Zahl irgendwie begrenzendes Kriterium ist hier nicht angegeben.

Bryce[14] und Kelsen[15] gemeint haben. Vielmehr ist der Gleichheitsbegriff inhaltlich wandelbar und in seiner konkreten Gestalt von den zeitlich wie räumlich bedingten, sozialen und politischen Verhältnissen abhängig. Durch diese Bezugnahme vor allem wird der Begriff der Demokratie zugleich aus einem abstrakten zu einem konkreten, historisch gebundenen Begriff, und ist es möglich, je nach dem konkret-materiellen Gehalt des Gleichheitsbegriffes verschiedene Formen und Typen der Demokratie zu unterscheiden. So gibt es z. B. aristokratische, plutokratische, sozial affizierte, sozialistische Demokratien, und kann man den radikal egalitären Demokratien die unegalitären, weil das Stimmgewicht nach Art eines Privilegienstaates differenzierenden Demokratien gegenüberstellen[16]. Maßgebend ist immer, welchen konkreten politischen Gehalt eine Gemeinschaft für eine bestimmte historische Situation mit dem Begriff der Gleichheit verbindet. Für den Gleichheitsbegriff der modernen Demokratie z. B., die auf der politischen und nicht der sozialen Emanzipation der Unterschichten beruht, ist der Ausschluß jeglicher sozialer, insbesondere klassenmäßiger Motivation, die irgendwie zu einer Differenzierung bei der Zulassung zu den Funktionen der Aktivbürgerschaft führen könnte, entscheidend[17]. Auf

---

[14] Nach Bryce, Moderne Demokratien, Deutsche Übersetzung Bd. I (1923), S. 22 gehört zu den Voraussetzungen einer demokratischen Herrschaftsform, daß die Aktivbürgerschaft „etwa rund mindestens drei Viertel der Masse der Bevölkerung" umfaßt. Nach Steffen, Das Problem der Demokratie, 1917, S. 87f., 120 soll offenbar die Mündigkeit des Staatsbürgers entscheiden und wird im Gegensatz z. B. zur Weimarer Reichsverfassung wie überhaupt dem Begriff der modernen Demokratie das Frauenwahlrecht als zu den Voraussetzungen dieser Art Demokratie gehörig bezeichnet. Vgl. auch noch Kraus, The crisis of German Democracy, 1932, S. 50.

[15] Auch Kelsen, z. B. Verhandlungen des 5. Soziologentages, S. 55, begnügt sich mit der inhaltlich unbestimmten Forderung der Teilnahme der größtmöglichen Anzahl von Gemeinschaftsgliedern an dem Prozeß der staatlichen Willensbildung.

[16] Anderer Ansicht offenbar Thoma, Handbuch des deutschen Staatsrechts I, S. 191, nach dem alle privilegierenden, das Stimmgewicht irgendwie abstufenden Gemeinwesen schon aus diesem Grunde nicht als Demokratien bezeichnet werden können.

[17] Thoma, Erinnerungsgabe für Max Weber II, S. 39ff.; ferner mein Referat in den Veröffentlichungen der deutschen Staatsrechtslehrer, H. 7 (1932), S. 163ff. mit weiteren Literaturnachweisen.

Grund dieses formalen Maßstabes, der dieser Art Demokratie — und, funktionell gesehen, nicht mit Unrecht — den Namen Formaldemokratie eingetragen hat, wird unbeschadet der sozialen Wertverschiedenheit der einzelnen Glieder des Staatsganzen grundsätzlich jeder Staatsbürger bei der Willensbildung absolut gleich bewertet. Hieraus ergibt sich, daß die maßgebliche Einschaltung von klassenmäßigen, plutokratischen, bildungsmäßigen und ähnlichen Erwägungen bei der Formierung des Gesamtwillens die heutige politische Form der Demokratie in Frage stellen müßte.

Die substantielle Gleichheit der Demokratie erschöpft sich aber nicht darin, daß in möglicherweise ganz verschiedenartigen Formen die „Gleichheit" zur Grundlage des staatlichen Willensbildungsprozesses gemacht wird, sondern ist auch von entscheidender Bedeutung für die Umbildung der politischen Partikularinteressen zu einem einheitlichen Gesamtinteresse und für die Willensbildung in der nicht repräsentativen Demokratie überhaupt. Wenn die Demokratie wie z. B. von C. Schmitt[18] wesensmäßig in eine Reihe von Identitäten aufgelöst wird, so ist dies, funktionell gesehen, für die nicht repräsentative Demokratie, die im übrigen auf das Repräsentationsprinzip als das wichtigste, willensvereinheitlichend wirkende Prinzip auch hier nicht vollends verzichten kann[19], tatsächlich insoweit richtig, als bei den plebiszitären Äußerungen das von repräsentativen Strukturelementen freie Identitätsprinzip als Ausdruck des Gleichheitsprinzips allein willensvereinheitlichend wirkt[20]. Der zum Herrscher über die Vielheit der Einzelnen erhobene, souveräne Gemeinwille des Volkes kommt hier nämlich dadurch zustande, daß ein etwa in der Form von Abstimmungen geäußerter Wille einer Vielheit von Menschen mit der volonté générale identifiziert wird. Und zwar sind diese Identifikationen mannigfacher Art. In der sogenannten unmittelbaren Demokratie wird zunächst der

---

[18] Die geistesgeschichtliche Lage des Parlamentarismus ², 1926, S. 34f.

[19] Demgegenüber hat C. Schmitt in den letzten Stadien des willensvereinheitlichend wirkenden Identifikationsprozesses wiederum repräsentative Strukturelemente eingeführt. Damit wird aber der in seiner Schärfe betonte Gegensatz zwischen der unmittelbaren Demokratie (und deren Surrogaten) und den repräsentativen Staatstypen relativiert. Näher schon mein Wesen der Repräsentation, insbesondere S. 119.

[20] Nämlich bei der Regierung.

Wille der Mehrheit der Bevölkerung mit dem der Aktivbürgerschaft und der der Aktivbürgerschaft in der Folge mit dem von der Summe der Individualwillen verschiedenen Gesamtwillen der Gemeinschaft identifiziert. Und ähnlich kommt auch im modernen massendemokratischen Parteienstaat, von dem in anderem Zusammenhang nachgewiesen ist[21], daß er in Wirklichkeit nur ein Surrogat der unmittelbaren Demokratie ist und daher verfassungstheoretisch zu dieser und nicht zur repräsentativen Demokratie gehört, der Gesamtwille nicht mit Hilfe der Repräsentation, sondern des Identitätsprinzips, d. h. mit Hilfe einer Reihe von Identifikationen zustande, die letzten Endes zu der Identifizierung des jeweiligen Parteienmehrheitswillens mit dem Gesamtwillen führen[22].

Und zwar entscheidet, wenn bei der maßgeblichen Beschlußfassung sich Mehrheit und Minderheit gegenüberstehen, und wenn die Minderheit nicht wie in früheren Zeiten auf ihren Widerspruch Verzicht leistet und hierdurch eine einmütige Beschlußfassung des als homogene Einheit abstimmenden Volkes ermöglicht, in der repräsentativen wie der nicht repräsentativen Demokratie die Mehrheit und nicht die Minderheit. Denn erst durch das Mehrheitsprinzip wird das Prinzip der Volkssouveränität und das größtmögliche Maß von politisch individueller Freiheit und Gleichheit gesichert[23]. Erst durch dieses erhalten möglichst viele Individuen das Gefühl und das Bewußtsein, nur dem eigenen Willen unterworfen zu sein, wenn sie dem Gesetz als Ausdruck der volonté générale Folge leisten, dem sie in abstracto von vornherein ihre Zustimmung gegeben haben, auch wenn sie in concreto ein inhaltlich anderes Gesetz durch ihr Jawort befürworten. Erst durch das Mehrheitsprinzip wird die größtmögliche Übereinstimmung der

---

[21] Dazu mein Wesen der Repräsentation, insbesondere S. 118f., und Veröffentlichungen der Vereinigung der Staatsrechtslehrer, H. 7, S. 171ff.

[22] Dieser Allgemeinwille ist so wenig ungewollt (so Groethuysen, Die Dialektik der Demokratie, 1932, z. B. S. 29, 39) wie der aus den Individualwillen der Aktivbürger sich formierende Gemeinwille in der unmittelbaren Demokratie, von dem jener in seiner inneren Struktur sich nicht unterscheidet.

[23] Vgl. auch Kelsen, Staatsform und Weltanschauung, 1932, S. 11, und Verhandlungen des fünften Soziologentages, S. 62. Zum folgenden Satz etwa auch noch Burnes, Democracy, 1929, S. 81f.

Individualwillen mit dem Inhalt der volonté générale und damit das „Maximum des möglichen Freiheitswertes" verwirklicht[24].

Willensvereinheitlichend selbst vermag letzten Endes das die Minderheit bindende Mehrheitsprinzip dadurch zu wirken, daß die diffentierende Minderheit sich der gleichen politischen Gemeinschaft wie die Mehrheit zurechnet, und daß so trotz Mehrheit und Minderheit im Hinblick auf das Endergebnis eine Übereinstimmung latent vorhanden ist. Außerdem wirkt auch mildernd auf die Schärfen des Mehrheitsprinzipes das Prinzip der Rotation, nach dem Mehrheit und Minderheit als nicht konstante, sondern fluktuierende Größen bald aus diesen, bald aus jenen Gruppen sich zusammensetzen, so daß die einzelnen Staatsbürger bald zur überstimmenden Mehrheit, bald zur überstimmten Minderheit gehören.

Wenn nun die vorausgesetzte, politische Homogenität, die das gegensätzliche Wollen von Mehrheit und Minderheit in einer höheren Einheit aufhebt, nicht besteht und auch das Rotationsprinzip nicht mehr seinen mildernden Einfluß auszuüben vermag, so wirkt auch das Mehrheitsprinzip nicht mehr als Modus genossenschaftlicher Willenseinigung, sondern — zumal aus der Mehrheitsentscheidung ein Schluß auf die inhaltliche Qualität der Entscheidung nicht gezogen werden kann[25] — nur noch rein herrschaftsmäßig[26] und brutal vergewaltigend, da hinter dem Mehrheitsvotum dann letzten Endes nichts anderes mehr steht wie die Drohung eventueller Gewaltanwendung gegen die diffentierende Minderheit im Falle etwaigen Widerstandes. So erscheinen z. B. den nationalen Minderheiten gegenüber demokratische Mehrheitsherrschaften, weil die vom Mehrheitsprinzip hier vorausgesetzte, nationale Homogenität nicht besteht, so häufig als reine Gewalt-

---

[24] Kelsen, Soziologentag a. a. O. S. 62.
[25] Dies wird vielfach behauptet, so z. B. von Bryce, Moderne Demokratien, a. a. O., Bd. I, S. 45 f. In Wirklichkeit entstammt dieser Schluß auf die inhaltliche Richtigkeit der Mehrheitsentscheidung dem Denken der Aufklärung und des Liberalismus. Daher spielt dieser Glaube an die wahrheitsfördernde Kraft der Mehrheitsentscheidung auch in dem klassisch repräsentativen Parlamentarismus eine besondere Rolle; dazu mein Wesen der Repräsentation, S. 175. Zu der politischen Integrationstendenz des Mehrheitsprinzips noch Smend, Verfassung a. a. O. S. 35.
[26] Etwa im Sinne der Umschreibung des Herrschaftstatbestandes von Freyer, Soziologie als Wirklichkeitswissenschaft, 1930, S. 248.

herrschaften. Und auch die Ablehnung der politischen Demokratie als einer bestimmten Form der Klassenherrschaft und der kapitalistischen Diktatur durch den konsequenten Marxismus wird letzthin damit begründet, daß selbst in der politischen Demokratie bei einem noch so demokratischen Wahlrecht die Grundvoraussetzung einer wirklichen Volksherrschaft, nämlich das politische, „einheitlich solidarische Volk", die geistig-sittliche und vor allem materiellhomogene Gemeinschaft, fehlt[27]. Vor den gesellschaftlich-ökonomischen Kräften, die nach marxistischer Auffassung „das in letzter Instanz bestimmende Moment in der Geschichte" sind[28], hat nach dem Marxismus die politisch-bürgerliche Demokratie ebenso wie vor der sozialen Interessensolidarität die Volkssolidarität kapituliert. Die politische Einheit des Staates erscheint so hier lediglich als ideologischer und funktionaler Überbau über bestimmten gesellschaftlichen Machtverhältnissen und nicht als geistige Wirklichkeit mit eigener politischer Substanz. Ziel des Marxismus ist es daher vor allem, durch Beseitigung der heutigen Klassenherrschaft eine neue Homogenität und Solidarität zu schaffen, um damit das Mehrheitsprinzip wieder reibungslos funktionsfähig gestalten zu können. In einer solchen, nicht mehr durch den Klassengegensatz gespaltenen Gesellschaft, in der letzthin das Herrschaftsmonopol des Staates sich überflüssig machen soll, würde das Mehrheitsprinzip nicht mehr unüberwindbare, soziale Interessengegensätze eines unsolidarischen Ganzen brutal auszugleichen haben, würden Majoritätsbeschlüsse nicht mehr „als Freiheitsbeschränkungen von den Überstimmten[29]... und als Vergewaltigung von Lebensinteressen empfunden werden", sondern würden dieselben nur die Bedeutung von technisch notwendigen „Verwaltungsmaßregeln" und damit die Funktion haben, „mehr oder weniger sachliche Meinungsver-

---

[27] Daß die Mehrheit der Bevölkerung anderer Ansicht ist, stellt nach marxistischer Auffassung die Klassenherrschaft nicht in Frage, da die in der politischen Demokratie von einer Minorität beherrschte Majorität nur nicht ihr wahres Interesse soll erkennen können. Hierzu etwa Adler, Die Staatsauffassung des Marxismus, 1922, S. 122ff., 192, 197, und Politische oder soziale Demokratie, z. B. S. 51, 58, 64, 97 Anm. 1.
[28] So Engels in einem in „Marx-Engels über historischen Materialismus", 1930, S. 145f. abgedruckten Brief.
[29] Adler a. a. O. S. 146.

schiedenheiten über Zweckmäßigkeit und Dringlichkeit vorgeschlagener Entscheidungen auszugleichen"[30].

Nach alledem wird ein Staat dann als demokratisch bezeichnet werden können, wenn die oberste, universale Entscheidungsinstanz innerhalb der Staatsgemeinschaft das Volk im Sinne einer die Generationen umspannenden, überindividuellen Gemeinschaft ist und der Gemeinwille, die volonté générale, in politischer Freiheit von allen gleichberechtigten, d. h. in der Gegenwart nicht irgendwie sozial differenzierten Staatsbürgern mit Hilfe des Mehrheitsprinzips gebildet werden kann.

Darüber hinaus ist es im einzelnen nicht von Belang, welches Gepräge die Demokratie innenpolitisch hat. Wie schon der bisherige, geschichtliche Ablauf zeigt, gibt es ganz verschiedene konkrete, politische Existenzformen der Demokratie. Man pflegt in der Regel etwa die unmittelbare, radikal-egalitäre Demokratie von der von Bluntschli und anderen sog. aristokratisch veredelten, parlamentarisch-repräsentativen Demokratie sowie von der parlamentarisch - parteienstaatlichen Massendemokratie liberaler Prägung zu unterscheiden[31] und innerhalb dieser Demokratie dann wiederum zu differenzieren, je nachdem sich diese Demokratie mit dem parlamentarischen Regierungssystem (möglicherweise wie heute in England in der äußeren Form der Monarchie) oder mit einem mehr oder weniger scharf akzentuierten, präsidentiellen Regime verbunden hat. Je nach dieser Verbindung kann dann die Demokratie entweder den Charakter einer reinen Präsidentschaftsdemokratie oder, bei einer Verbindung mit dem Parlamentarismus, den einer parlamentarisch präsidentiellen Republik annehmen. Daneben gibt es aber auch — wenn auch, auf die Dauer gesehen, meist an der Grenze der Demokratie liegend — absolutistische Demokratien in parlamentarischer, zäsaristisch-präsidentieller oder monarchischer Form. Im Rahmen seiner plebiszitären Legitimierung erscheint z. B. auch

---

[30] Adler a. a. O. S. 123; ähnlich auch S. 198 und Verhandlungen des 5. Soziologentages, S. 93 ff.

[31] Gegen die Tendenz, nur unmittelbar demokratische, radikal egalitäre Formen und Einrichtungen als demokratisch gelten zu lassen, wie dies insbesondere etwa bei Hasbach, Die parlamentarische Kabinettsregierung 1919 und Die moderne Demokratie, 1921, der Fall ist, schon Thoma, Archiv für öffentliches Recht, N. F., Bd. 1, S. 228 ff.

der Bonapartismus, jedenfalls so lange als das Volk sich seiner an sich unverzichtbaren Souveränität nicht entäußert hat, als Demokratie und der Kaiser als Inkarnation und magistratischer Repräsentant des Volkswillens[32]. Solche Demokratien können unter Umständen ein konservatives, reaktionäres, kollektivistisches, ja sogar wie noch zu zeigen sein wird, ein diktaturförmiges, antirechtsstaatliches und unter Umständen sogar tyrannisches Gepräge tragen. Sie können möglicherweise im Sinne des Absolutismus mit der staatlichen Sphäre mehr oder weniger radikal alle anderen Werte wie z. B. die gesellschaftliche, individuelle Freiheit, die Gewissensfreiheit, den Minderheitenschutz, die Selbstverwaltung, den Föderalismus für unvereinbar erklären[33]. In der perikleischen attischen Demokratie z. B., die den modernen, bürgerlich gesellschaftlichen Freiheitsbegriff nicht gekannt hat, erscheint „der Mensch nur als Teil des Ganzen, von dem er sich in keiner Beziehung, nicht in Tat, nicht in Gedanken ablösen kann"[34]. „Chez

---

[32] Thoma, Erinnerungsgabe für M.Weber, II, S. 45, der hier sehr mit Recht im Sinne des Textes die Demokratie mit den verschiedensten Staats- und Regierungsformen für vereinbar erklärt, läßt den Cäsarismus in die Form der Demokratie nur eingehen, wenn „auch tatsächlich die Macht des führenden Demagogen entscheidend vom Plebiszit abhängt". A. A. Tönnies, Demokratie in den Verhandlungen des 5. deutschen Soziologentages, S. 28, der von einem Cäsarismus erst dann sprechen will, wenn dieser sich tatsächlich vom Plebiszit freigemacht hat und nur noch rechtlich von diesem abhängt. Jedenfalls — und dies ist m. E. entscheidend — gehört auch die von Tönnies erwähnte Form des Cäsarismus noch zum Bereich der Demokratie, solange nicht mit Hilfe eines revolutionären Aktes der Cäsar seine Souveränität an die Stelle der des Volkes gesetzt hat. Zu eng der Begriff der Demokratie auch bei Michels ebenda S. 71f., der nur Wahldemokratien als Demokratien gelten lassen will, und bei Koigen ebenda S. 81f.

[33] Zu der Möglichkeit einer solchen Demokratie auch Ruggiero, Geschichte des Liberalismus in Europa, 1930, S. 360f. (§ 2: Demokratische Staatsvergötterung).

[34] So z. B. Stahl, Philosophie des Rechts, Bd. I, S. 44; vgl. auch etwa Mohl, Enzyklopädie der Staatswissenschaften, 1. Aufl., 1859, S. 319. Gegen diese Art der Betrachtung der attischen Demokratie G. Jellinek, Allgemeine Staatslehre, 1929, S. 297ff., und wohl auch Pohlenz, Staatsgedanke und Staatslehre der Griechen, 1923, S. 26f., der — wenn auch mit gewissen Vorbehalten und Einschränkungen — von einem perikleischen Liberalismus spricht (a. a. O. S. 31); hiergegen wiederum und, wie mir scheint, mit Recht Radnitzky, Zeitschrift für öffentliches Recht, Bd. III, S. 298ff.

les anciens, l'individu souverain presque habituellement dans les affaires publiques est esclave dans tous ses rapports privés. Comme citoyen il décide de la paix et de la guerre; comme particulier il est circonscrit, observé, reprimé dans tous ses mouvements[35]." Auch die Rousseausche Demokratie ist in diesem Sinne intolerant und absolutistisch, wenn sie das Individuum radikal in der Gemeinschaft aufhebt, bürgerliche Freiheitsrechte nicht anerkennt und sich damit in Gegensatz zu der die Menschenrechte proklamierenden und schützenden Demokratie der französischen Revolution stellt, auf die der „Contrat social" selbst maßgeblichen Einfluß geübt hat.

Auch das konkret gesellschaftlich-ökonomische System, das sich möglicherweise mit der Demokratie verbinden und ihr einen inhaltlich sehr verschiedenen, soziologischen Charakter — man denke etwa nur an den Gegensatz zwischen kapitalistischer, bäuerlicher und proletarisch-sozialistischer Demokratie — geben kann, ist für die Frage der Existenz der Demokratie als echtes politisches Formprinzip nicht von entscheidender Bedeutung — sehr entgegen der marxistischen und auch vormarxistischen Auffassung etwa von St. Simon oder Fourier, nach der gerade dieses soziologisch-gesellschaftliche Substrat (Kapitalismus und Sozialismus) das auch den material-politischen Wertbestand der Demokratie Bestimmende sein soll[36][37].

---

[35] So B. Constant, De la liberté comparée à celle des modernes. Discours. Abgedruckt in Constant, Cours de politique constitutionelle, 1861, Bd. II, S. 539ff.

[36] Adler, Staatsauffassung des Marxismus, S. 126 und Politische oder soziale Demokratie, S. 49f. unterscheidet immerhin zwischen sozialer und politischer Demokratie. Diese kann möglicherweise eine bürgerliche oder proletarische, also nicht kapitalistische Demokratie sein, die sich von der sozialen Demokratie einer klassenlosen Gesellschaft dann dadurch unterscheidet, daß sie diese erst in Zukunft herbeiführen will (Politische Demokratie S. 54, 100, 103). Völlig unzulänglich dagegen die Umschreibung der sozialen Demokratie bei Hasbach, Die moderne Demokratie, S. 122f.

[37] Umgekehrt gerade wie der Marxismus behauptet Hermens, Demokratie und Kapitalismus, 1931, einen inneren gesetzmäßigen Zusammenhang zwischen Demokratie (und zwar der parlamentarischen Demokratie) und Kapitalismus; hiergegen schon mit Recht Jovishoff, Zeitschrift für öffentliches Recht, Bd. 12, S. 620f., 625.

II.

Die bekannteste und geschichtlich wichtigste Verbindung, die die Demokratie bisher eingegangen ist und die das innerpolitische Staatsbild der letzten Jahrhunderte — zum Teil bis zur Gegenwart — entscheidend bestimmt hat, ist die Verbindung von Demokratie und Liberalismus. Diese Verbindung, die zugleich aus der Demokratie eine gemischte Staatsform gemacht hat, ist aber, wie sich aus dem bisher Gesagten ergibt und gegenüber einer weitverbreiteten Meinung betont werden muß, die die Demokratie nur in der Umklammerung durch den Liberalismus denken kann, keine Selbstverständlichkeit[38]. Demokratie und Liberalismus können sich zusammenfinden, können aber möglicherweise auch in Gegensatz zueinander treten. Die historische Verknüpfung selbst ist dadurch bedingt, daß zunächst einmal der gemeinsame, Liberalismus wie Demokratie gleichgefährliche Gegner, der monarchisch-autoritäre

---

[38] Typisch liberalisierend etwa Steffen, Problem der Demokratie, S. 104 f., nach dem die Demokratie sogar aus liberalen Erwägungen auf die Mehrheitsherrschaft verzichten soll, und vor allem Kelsen, z. B. Staatsform und Weltanschauung etwa S. 14, 28, der rein liberale Prinzipien und Einrichtungen wie z. B. das parlamentarische Prinzip der Diskussion, den Minderheitenschutz, den politischen Kompromiß auch für solche der Demokratie erklärt und in dem Ideal der politischen Herrscher- und Führerlosigkeit zugleich auch ein solches der Demokratie erblickt (z. B. Kelsen in den Verhandlungen des 5. Soziologentages, S. 55); vgl. auch noch S. 11 Anm. 11 u. S. 42 f. — Zugleich liberal unterbaut ist der Begriff der Demokratie etwa auch bei Dole, The spirit of Democracy 1906 z. B. S. 78 f. und Thoma, Grundrechte und Grundpflichten der Deutschen, Bd. I (1929), S. 8; vgl. ferner etwa Giraud, La Crise de la Démocratie et les réformes nécessaires du pouvoir législative, 1925, S. 43 f.; Bryce, Moderne Demokratien a. a. O. S. 57; Burnes, Democracy, S. 23; Lindsay, The Essentials of Democracy, S. 35 f., 43 f.; Gurvitch a. a. O. (dazu Anm. 12); Michels, Zeitschrift für Politik, Bd. 17 (1928), S. 293; Schindler, Verfassungsrecht a. a. O. S. 144 ff., der ebenfalls aus der historischen Verknüpfung von Demokratie und Liberalismus auf ein wesensmäßiges Bezugsverhältnis dieser Begriffe schließt; Sforza, Europäische Diktaturen, 1932, z. B. S. 206.

Gegen die wesensmäßige Verknüpfung von Liberalismus und Demokratismus etwa schon Hefele, Hochland, 1924, S. 34 ff.; C. Schmitt, Parlamentarismus a. a. O. z. B. S. 13, 21, 32; Tönnies, Schmollers Jahrbuch, Bd. 51 (1927), 1. Halbbd., S. 173 f.; Grabowsky, Zeitschrift für Politik, Bd. 22, S. 576 f.; Kirchheimer-Leites, Archiv für Sozialwissenschaft und Politik, Bd. 68, S. 459.

Obrigkeitsstaat, niedergerungen werden mußte, dem sich gegenüber in antithetischer Dialektik die moderne Demokratie liberalistischer Prägung entwickelt hat. Dafür aber, daß der gemeinsame Gegner an sich nicht homogene Bewegungen zusammenschweißt, liefert die Geschichte unzählige Belege, ohne daß man gleich an die bizarren Einheitsfronten der jüngsten deutschen Parlamentsgeschichte zu denken braucht. Und zwar hat sich nicht nur die Demokratie im Laufe der Geschichte mit antiliberalen Elementen verbunden. Auch der Liberalismus selbst hat mit anderen Mächten paktiert; er hat mit der Monarchie in der Form der historisch gewordenen, konstitutionellen Monarchie sein Bündnis geschlossen, er hat gemeinsam mit den Physeokraten den Merkantilismus bekämpft, obwohl, im Grunde genommen, Physeokratie und Liberalismus wesensverschiedene Bewegungen sind.

Auch darf der Liberalismus nicht als glaubensloser Rationalismus der im Irrationalen verhafteten Demokratie gegenübergestellt werden. Denn auch der Liberalismus hatte ursprünglich sein umfassendes metaphysisches System und war ebenso wie die ihm geistesgeschichtlich vorgelagerten Bewegungen, nämlich Renaissance und Reformation, Aufklärung und Naturrecht[39], von einem leidenschaftlich-religiösen Glauben an seine große Mission und seinen Beruf getragen, der ihm allein auch seine säkulare, welthistorische Bedeutung vermittelt hat. Tragendes weltanschauliches Prinzip dieses neuen Mythus war die Vernunft. Mit ihrer Hilfe glaubte man nach den großen, naturwissenschaftlichen Entdeckungen das menschliche Denken verselbständigen zu können, und hoffte man, auf allen Gebieten — kulturell, politisch, wirtschaftlich — Erkenntnisse von absoluter Evidenz herausstellen zu können. Deshalb mußte sich der Kampf gegen alle Bindungen und Schranken der Vernunft, gegen alle Ganzheitsansprüche seitens des Staates und der Kirche richten. Dieser negative Abwehrkampf zugunsten der ratio war zugleich positiv ein Kampf zugunsten des Individuums, weil man glaubte, durch dieses allein das Reich der Vernunft und die Autonomie der einzelnen Lebensbereiche wie etwa der Kunst und Wissenschaft, der Familie und des Berufes verwirklichen und sichern zu können.

---

[39] Zu diesen Kräften als den geistigen Wegbereitern des Liberalismus etwa Ruggiero, Geschichte des Liberalismus, S. 12 ff., 21 ff.

Die Auflösung der liberalen Demokratie in Deutschland 23

Man gab sich dem letzten Endes, wie die Wirklichkeit gezeigt hat, illusionären Glauben hin, daß durch ein hemmungsloses Waltenlassen des „vernünftigen" Individuums, durch einen freien Wettbewerb der individuellen Meinungen auf allen Gebieten, am besten die richtige und damit vernünftige Gesamtlösung gewährleistet werden könnte. Das wirtschaftliche Prinzip des „Laisser faire, laisser aller", das jeden staatlichen Eingriff in die Wirtschaft verpönt und das Selbstinteresse als die alleinige Triebkraft und regulative Norm wirtschaftlichen Handelns betrachtet, ist so nur ein, wenn auch sehr wichtiger, Ausdruck der allgemein liberalen Haltung des Geltenlassens wie des Glaubens, daß eine auf das Eigeninteresse eingestellte Wirtschaft die beste Garantie für das Funktionieren der ökonomischen Gesetze sein würde[40].

Von welch zentraler Bedeutung das Individuum als das Gefäß der Vernunft für den materialen Gehalt des klassischen Liberalismus ist, kommt besonders darin zum Ausdruck, daß der Eigenwert der Persönlichkeit ursprünglich sogar als ein vorstaatlicher und unbegrenzter gedacht war. Als ein solcher ist er auch in den geschriebenen Verfassungen, deren immanente Funktion es seit jeher war, das Individuum zu schützen[41], wie z. B. in den Chartes der Kolonialländer, den ihnen folgenden Staatsverfassungen, insbesondere der virginischen Bill of Rights und dann auf europäischem Boden zuerst in der berühmten Rechteerklärung der französischen Revolution[42] kodifiziert werden, deren Sätze für die liberale Demokratie geradezu fundamental- und religiös-mystische Glaubenssätze sind[43]. „Der Endzweck aller politischen Gesellschaften ist die Erhaltung der natürlichen und unverjährbaren Menschenrechte" (Erklärung von 1789), die den Menschen auf eine höhere Stufe führen und den Fortschritt der Menschheit sichern soll, und denen sich

---

[40] Zu dem klassischen, wirtschaftlichen und gesellschaftlichen Liberalismus näher etwa Briefs, Archiv für Rechts- und Wirtschaftsphilosophie, Bd. 24 (1931), S. 94 ff.
[41] Über diese grundlegende Funktion der geschriebenen Verfassung und des Verfassungsbegriffes überhaupt näher Hsü-Dau-lin, Archiv des öffentlichen Rechts, N. F., Bd. 22, S. 35 f.
[42] Dazu auch Montesquieu, De l'esprit des Lois, Livre XI, Chap. III (Ce que c'est que la liberté).
[43] Insbesondere über das Gleichheitsdogma in diesem Zusammenhang Rougier, La mystique démocratique, S. 71 ff.

der Staat gegenüber bei seiner von vornherein beschränkt gedachten Eingriffsgewalt nur bestätigend und anerkennend verhalten können soll.

Wenn nun auch solche Grundrechtskataloge den liberalistisch strukturierten, konstitutionellen Monarchien und Demokratien des 19. Jahrhunderts ebenso wie den Demokratien des 20. Jahrhunderts noch geläufig sind, so hat sich doch trotz der weitgehend gleichen Form, und zwar bereits im 19. Jahrhundert, der Inhalt der Grundrechte tiefgehend gewandelt. In den Vereinigten Staaten allerdings hat sich der Geist der Aufklärung, die Vorstellung von der selbstherrlichen und grundsätzlich unbeschränkbaren, außerstaatlichen und natürlichen Persönlichkeit, noch bis weit in das 19. Jahrhundert hinein erhalten — vor allem dank der konservativen Haltung des Supreme Court, der von der klassisch-liberalen Freiheitsvorstellung aus z. B. noch Mitte und Ende des letzten Jahrhunderts eine Fülle von sozialpolitischen Gesetzen als mit einer Reihe von Fundamentalartikeln der Unionsverfassung, insbesondere den im XIV. Amendement garantierten Rechten, für unvereinbar erklärt[44] hat. In anderen Staaten dagegen, wie z. B. den deutschen Einzelstaaten, war die Situation eine völlig andere. Schon auf Grund der preußischen Verfassung von 1850 sind z. B. die Grundrechte, wenn auch nicht so sehr in der Literatur als in der politischen Wirklichkeit, nicht mehr als prinzipiell unbegrenzte Individualrechte, die den Einzelnen bourgeoismäßig vom Staate distanzieren und emanzipieren, sondern mehr im Sinne des allgemein objektiven Prinzipes der Gesetzmäßigkeit der Verwaltung verstanden werden, das eine „bürgerliche Grundlegung des Staates" im Sinne einer sittlichen Verpflichtung des Individuums dem Ganzen gegenüber voraussetzt[45]. Diese Auffassung der Grundrechte hat dann in der

---

[44] Zu dieser Judikatur jetzt etwa Charlotte Lütkens, Staat und Gesellschaft in Amerika, 1929, S. 52 ff., und Rommen, Grundrechte, Gesetz und Richter in den Vereinigten Staaten ,1931, S. 203 ff. mit weiteren Literaturnachweisen.

[45] Dazu Smend, Bürger und Bourgeois im deutschen Staatsrecht, Rede 1933, S. 7 ff. Vgl. auch Huber, Bedeutungswandel der Grundrechte im Archiv des öffentlichen Rechts, N. F., Bd. 23 (1932), S. 8, 34, nach dem bereits im 19. Jahrhundert die klassischen Freiheitsrechte objektiviert und zu einem allgemeinen Ordnungsprinzip geworden sind.

Folge in der Bismarckschen Verfassung dazu geführt, daß die Freiheitsrechte überhaupt nur noch reichsgesetzlich, aber nicht reichsverfassungsmäßig gesichert wurden und als rein staatliche Gewährungen betrachtet worden sind.

Nun ist gewiß in dem letzten Dezennium mit dieser fälschlicherweise als Staatsmetaphysik ausgegebenen Betrachtungsweise radikal gebrochen worden. Man hat versucht, die Grundrechte der Weimarer Reichsverfassung unter Einbezug ihrer historischen und ideengeschichtlichen Voraussetzungen mehr geistesgeschichtlich auszulegen. Aber deshalb sind noch lange nicht die klassischen, vorstaatlichen, liberalen Freiheitsrechte in der Weimarer Reichsverfassung zu neuem Leben erweckt worden. Eine solche Annahme ist schon deshalb nicht möglich, weil der zweite Teil der Reichsverfassung sehr viel mehr und anderes enthält wie liberale Freiheitsrechte, nämlich zusätzlich noch allgemeine Rechtsprinzipien, verschiedenartige Gewährleistungen institutioneller Natur[46] wie schließlich einen Kodex von allerdings noch näher konkretisierungsbedürftigen Grundpflichten, die mit einem System echter Grundrechte nichts gemein haben.

Aber selbst soweit die Weimarer Reichsverfassung in typischer Weise die liberalen Freiheitsrechte anerkannt hat, können diese nicht mehr im Sinne des klassisch-bürgerlichen Liberalismus und des reinen status negativus ausgelegt werden, wie dies auch heute noch häufig in Verabsolutierung einer bestimmten, früher einmal gegebenen, historischen Situation geschieht[47]. Die Auffassungen über das grundsätzlich zulässige und übliche Maß der staatlichen Eingriffe in die ursprünglich unantastbare Persönlichkeitssphäre haben sich — und dies wird auch nicht mehr von liberaler

---

[46] Innerhalb der institutionellen Garantien unterscheidet z. B. Huber a. a. O. S. 37 ff., 51 ff., 62 ff. zum Teil in Anlehnung an C. Schmitt die Institutsgarantien von den organisatorischen und korporativen Gewährleistungen.

[47] Z. B. C. Schmitt, Handbuch des deutschen Staatsrechts, Bd. II, S. 591 f. Ferner etwa Koellreutter, Der nationale Rechtsstaat, 1932, S. 12 f.; Radbruch, Rechtsphilosophie, 1932, S. 63; grundsätzlich auch Hensel, Grundrechte und politische Weltanschauung, 1931 (dazu aber Anm. 52) und Giere, Das Problem des Wertsystems der Weimarer Grundrechte, 1932, S. 66 f., 96 f.

Seite in Abrede gestellt — grundlegend gewandelt. Auf Grund der in den letzten Jahren und Jahrzehnten immer stärker werdenden Aktualisierung des in dem Gesetzesvorbehalt zum Ausdruck kommenden politischen und sozialen Vorbehalts sowie der mangelnden Diktaturfestigkeit gerade der liberalen Freiheitsrechte erscheinen die staatlich-politischen Eingriffe nicht mehr nur als Ausnahmen, sondern als regelgeforderte Beschränkungen, die den ständigen Primat der nationalen Einheit gegenüber den sozial affizierten Freiheitsrechten sicherstellen[48].

In besonderem Maße zeigt sich diese Einordnung der individuellen Freiheit in das staatliche Gefüge bei den wirtschaftlichen, mit der Hypothek des sozialen Vorbehalts belasteten Freiheitsrechten[49]. Auf Grund ihrer starken Tendenz zum Sozialen hin hat man dem Weimarer Grundrechtssystem vereinzelt sogar den eindeutigen Entscheidungscharakter überhaupt abgesprochen[50] oder dasselbe als sozialistisch deuten zu müssen geglaubt[51], oder man hat in diesen Rechten, vor allem im Eigentum, nicht mehr liberale Freiheitsrechte, sondern nur noch vom Staate näher geregelte Rechtsinstitute sehen wollen[52]. Jedenfalls ist erst von einer solchen, dem klassischen Liberalismus gegenüber abgewandelten, dem Staate zugeordneten Freiheit[53] eine Auffassung möglich, die in dem Grundrechtsteil der Verfassung in dem von Smend klassisch ent-

---

[48] Wenn hiernach von Huber a. a. O. S. 17, 37 die gesetzlichen Beschränkungen der Freiheitsrechte noch als „Ausnahmen" und „Durchbrechungen" einer im Prinzip unverletzlichen Freiheitssphäre bezeichnet werden, so kommt in dieser klassisch liberalen Formulierung noch nicht der von Huber selbst nachdrücklichst herausgestellte Bedeutungswandel des Sinngehaltes der persönlichen Freiheitsrechte zum Ausdruck.

[49] Dazu schon Brunstädt in Festgabe für Binder, 1930, S. 134; mein Referat auf dem V. deutschen Juristentag in der Tschechoslowakei, 1931, Verhandlungen, S. 357.

[50] So z. B. Kirchheimer, Weimar — und was dann? 1930.

[51] Z. B. Neumann, Die Arbeit, 1930, S. 564.

[52] Huber a. a. O. S. 39ff., 81. Dieser soziale Vorbehalt veranlaßt auch Hensel a. a. O. S. 29 in einem gewissen Umfang von einem Wandel der Weltanschauung des politischen Liberalismus gegenüber den wirtschaftlichen Freiheitsrechten zu sprechen.

[53] Hierzu vor allem die nähere Analyse des Bedeutungswandels des grundrechtlichen Ideengehaltes bei Huber a. a. O. S. 84. Zur allgemeinen Darstellung dieses Bedeutungswandels insbesondere S. 15ff., 79ff., 84.

wickelten Sinn ein System von — zum mindesten der Intention nach — einheitstiftenden Kulturgütern erblickt, durch das die Verfassung ihren materialen Gehalt und ihre sachliche Legitimität erhält[54]. Erst von dieser grundsätzlichen Einstellung aus werden die Grundrechte zu Symbolen der deutschen Kultureinheit[55], zu dem „Niederschlag der gegenwärtigen deutschen Rechtskultur", zur „einheitlichen Grundlage eines Wahrheits- und Wertsystems in einer weltanschaulich zerrissenen Zeit[56]".

Im übrigen impliziert dieser Primat der nationalen Einheit nicht eine Blankovollmacht zugunsten der jeweiligen politischen Gewalthaber. Eine Freiheit nach Maßgabe der Gesetze[57] ist noch keine Freiheit[58], auch nicht im Sinne einer grundsätzlich staatlich kontrollierten Freiheit, weil bei einer solchen Freiheit diese in Wirklichkeit durch ein Gesetz unmittelbar oder mittelbar mediatisiert werden kann. Grenzen sind vielmehr entsprechend einem mehr dialektisch zu begreifenden Verhältnis von Individuum und Gemeinschaft, nach dem Individuum und Gemeinschaft sich immer gleichzeitig setzen müssen, der staatlichen Eingriffsgewalt insofern gezogen, als — unbeschadet von Abgrenzungsschwierigkeiten im Einzelfall[59] — die individuelle Freiheit als Ausdruck des Persönlichkeitswertes ihrem geistesgeschichtlichen Gehalt, ihrem Kern und Wesen nach noch immer einen integrierenden Bestand-

---

[54] Smend, Verfassung, a. a. O. S. 163f. In gleicher Richtung liegt die von Naumann in Weimar erhobene Forderung, im Sinne eines Volkskatechismus' die allgemein anerkannten Gemeinschaftswerte zu kodifizieren. Vgl. auch C. Schmitt, Handbuch a. a. O. II, S. 581; dort auch die im Sinne des Textes liegenden, vielfach zitierten Worte des Abgeordneten Düringer und der Hinweis auf Hegel.
[55] Hensel, Institution, Idee, Symbol, 1929, S. 15.
[56] Gerber, Freiheit und Bindung der Staatsgewalt, 1932, S. 20.
[57] Etwa im Sinne von Montesquieu, De l'esprit des Lois, Livre XI, Chap. III.
[58] So auch C. Schmitt, Handbuch a. a. O. I S. 592.
[59] Solche Schwierigkeiten sind unvermeidbar in einer Staats- und Verfassungstheorie, die mit materialen, nur selten einer eindeutigen formalen Umschreibung zugänglichen Begriffen arbeiten muß. Gegen den ebenso beliebten wie nicht überzeugenden „Grenzenlosigkeitsschluß" in anderem Zusammenhang schon C. Schmitt, Freiheitsrechte und institutionelle Garantien der Reichsverfassung, 1931, S. 8.

teil der Gesamtentscheidung des konkreten Kulturwertsystems bilden muß[60] [61].

Dieser wenn auch heute inhaltlich abgewandelte Persönlichkeitswert bestimmt aber nicht nur maßgeblich den sachlich integrierenden Gehalt der liberalistisch unterbauten Verfassungen, sondern entscheidend auch funktionell deren Struktur.

So ist z. B. der repräsentative Parlamentarismus, der vor allem zur Zeit der konstitutionellen Monarchie in England und später in Frankreich seine klassische Gestalt erhalten hat, und der noch von späteren Verfassungen zu einer Zeit übernommen wurde, als seine geistesgeschichtlichen Voraussetzungen bereits problematisch geworden waren, nichts anderes wie die typisch politisch funktionelle Ausdrucksform des Liberalismus. Dieser repräsentative Parlamentarismus wurde daher nicht zufällig gerade zu einer Zeit, in der auch das freiheitliche Erbgut in den typischen Rechtserklärungen kanonisiert wurde, zu einem entscheidenden Bestandteil des kontinental-europäischen Verfassungssystems. Diesem repräsentativen Parlamentarismus liegt die Anschauung zugrunde, daß, wenn nur die einzelnen Abgeordneten als Repräsentanten der politisch ideellen Volkseinheit in freier Rede und schöpferischer Diskussion unter Kontrolle der Öffentlichkeit ihre individuellen Meinungen in freiem Wettbewerb äußern können, politisch in der Gemeinschaft die prästabilierte Harmonie am besten gesichert sei[62]. Der Sieg der Wahrheit, die auch den Widerspruch verträgt, und im Ergebnis vernünftige und sachlich gerechte Gesamtentscheidungen

---

[60] Insoweit, aber auch nur insoweit ist das von Thoma aus dem objektiven Prinzip der Gesetzmäßigkeit der Verwaltung entwickelte, subjektive, allgemeine Freiheitsrecht auf Gesetzmäßigkeit der staatlichen Willensäußerungen inhaltlich beschränkt. Man kann daher nicht mit C. Schmitt, Handbuch a. a. O. II, S. 586 in diesem ein vorstaatliches und prinzipiell unbegrenztes Recht im Sinne des klassischen Liberalismus sehen.

[61] Hierdurch unterscheiden sich auch heute noch die Freiheitsrechte etwa von der faschistischen Freiheit; zu dieser etwa meine Probleme des faschistischen Verfassungsrechtes, 1928, S. 19 (die näheren Belege S. 56 in den Anm. 82f.) und aus der jüngsten Literatur noch Bonaudi, Dei Limiti della libertà individuale, 1930, insbesondere S. 181f.

[62] Vor allem C. Schmitt, Geistesgeschichtliche Lage des heutigen Parlamentarismus, insbesondere S. 41ff mit weiteren Nachweisen, insbesondere S. 43, Anm. 2. Ferner etwa Bonn, Die Krise der europäischen Demokratie, 1925, S. 15ff.; Leibholz, Wesen der Repräsentation, S. 67ff., 98ff.

sollten verbürgt sein, wenn nur die geistesgeschichtlichen Voraussetzungen des repräsentativen Parlamentarismus nicht in Frage gestellt würden. In dieser Weise wurde dieses System noch in der zweiten Hälfte des 19. Jahrhunderts von dem Duc de Broglie[63] gekennzeichnet als „un admirable mécanisme qui n'est pas fait de main d'homme et qui est simple développement des conditions attachées par la Providence au progrès des sociétés civilisées".

Weiterhin tendiert aus einem natürlich begründeten Mißtrauen gegenüber jeder staatlichen Machtkonzentration das liberalistisch strukturierte Verfassungssystem danach, durch Einschaltung einer Reihe von Hemmungen nach Möglichkeit die individuelle Freiheit und das Eigentum vor mißbräuchlichen Eingriffen zu sichern. Das Sinnprinzip der auch der Weimarer Verfassung zugrundeliegenden und trotz des parlamentarischen Regierungssystems nicht in Frage gestellten Gewaltenteilungssystems besteht z. B. darin, durch Einschaltung einer Reihe von komplizierten, organisatorisch-mechanischen Gegengewichten zum Schutze des Individuums ein politisches Balancesystem zu schaffen[64]. Deshalb erwies sich auch der Liberalismus gerade im Rahmen der konstitutionellen Monarchie als so besonders funktionsfähig. Die Tatsache, daß hier im Rahmen des Gewaltenteilungssystems an der maßgeblichen staatlichen Willensbildung, vor allem der Gesetzgebung und Etatgebarung, eine Mehrheit repräsentativer, sich gegenseitig kontrollierender Instanzen (wie der König mit dem ihm ergebenen Beamtentum und Heer auf der einen Seite, das Parlament auf der anderen Seite) einander gegenüberstanden, schuf — verstärkt durch das gleichfalls moderierend wirkende und die Legislative auch in sich ausbalancierende Zwei-

---

[63] Vues sur le Gouvernement de la France, 1872, Einleitung, S. XLIff.
[64] Vgl. etwa auch C. Schmitt, Handbuch a. a. O. II, S. 580, und Weidner, Der Grundsatz der Gewaltenteilung und die Weimarer Verfassung, 1932. Bei dem von Weidner behaupteten Bedeutungswandel des Gewaltenteilungsprinzips, das heute seiner ursprünglichen liberalen Funktion entkleidet sein soll, wird übersehen, daß die veränderte Stellung des Gewaltenteilungsprinzips, auch so weit dasselbe sich gegen das Parlament gerichtet und die Staatsleitung geschützt hat, letzten Endes doch auf dem gleichen, ursprünglichen liberalen Grundmotiv, nämlich dem Schutz der individuellen Freiheit, beruht.

kammersystem — in der Praxis eine ausreichende Gewähr vor willkürlichen Eingriffen in die individuelle Freiheitssphäre.

Hierdurch wurde das Gewaltenteilungssystem zugleich zur organisatorischen Grundlage des Rechtsstaates, dessen einzelne Kautelen in der gleichen Richtung, nämlich der Erhaltung von Freiheit und Eigentum der Einzelpersönlichkeit, wirkten. Zu diesen spezifisch rechtsstaatlichen Sicherungen gehört die Unabhängigkeit der Rechtspflege, die den Richter nur dem Gesetz unterwirft und damit dem Zugriff der Exekutive entzieht, das Prinzip der Gesetzmäßigkeit der Verwaltung, das Thoma[65] 1910 noch als „das Fundament des Vorstellungskomplexes Rechtsstaat" bezeichnet hat, und das eine willkürliche Eingriffsmöglichkeit der Exekutive in die individuelle Freiheitssphäre auf Grund des Gesetzes ausschließt, wie die Existenz einer unabhängigen Verwaltungsgerichtsbarkeit, durch die die gesetzesgebundene Tätigkeit der Verwaltungsbehörden nachträglich auf ihre Gesetz- und Rechtmäßigkeit überprüft wird, und die von Gneist z. B. als das Wesentliche des Rechtsstaates überhaupt bezeichnet worden ist. Alle diese Grundsätze und Prinzipien setzen, wenn sie zu Kriterien des Rechtsstaatsbegriffes erhoben werden, die Kongruenz von formellem Gesetz und materiellem Recht voraus. Im 19. Jahrhundert wurde dieses gläubige Vertrauen in den wesensmäßigen Bezug von der Form auf den Inhalt dank der verhältnismäßigen Stabilität der politischen und wirtschaftlichen Verhältnisse und der Existenz eines komplizierten, wechselseitigen, politischen Kontrollsystems nicht erschüttert.

Demgegenüber geht die Vertiefung des Rechtsstaatsgedankens im letzten Dezennium mit der dem Rechtspositivismus aller Schattierungen gegensätzlichen Einsicht, daß die Herrschaft und „Unverbrüchlichkeit des Gesetzes"[66] noch nicht sicher den Rechtsstaat zu garantieren vermag, letzten Endes auf eine durch die veränderte Verfassungsstruktur bedingte Erschütterung des Vertrauens in die ursprünglich vorausgesetzte und für selbstverständlich gehaltene Identität von Gesetz und Recht, von

---

[65] Rechtsstaatsidee und Verwaltungsrechtswissenschaft im Jahrbuch des öffentlichen Rechts, Bd. IV (1910), S. 197; vgl. auch S. 204.

[66] Dazu etwa Otto Mayer, Verwaltungsrecht, 2. Aufl., 1924, S. 64f.

"Legalität" und "Legitimität" zurück[67]. Deshalb besteht auch nach der Weimarer Verfassung der Zwang, die an sich möglicherweise „wert- und qualitätsfreie, inhaltlos-formalistisch funktionalistische Legalität"[68], die inhaltlich auch noch nicht dadurch legitim wird, daß man den generellen Normcharakter zum Kennzeichen von Vernunft und Gerechtigkeit macht, wieder wie zu Zeiten des deutschen Idealismus inhaltlich in Bezug zur Rechtsidee zu setzen. Diesem Zweck dienen vor allem die in dem sogenannten Grundrechtsteil enthaltenen, den Gesetzgeber verpflichtenden Sätze mit Einschluß insbesondere des generellen Verbotes willkürlicher Differenzierungen, die durch eine Reihe von organisatorischen Kontrollen wie z. B. durch die „akzessorisch" neben dem präsidentiellen Prüfungsrecht und anderen politischen Korrektivmitteln bestehende, allgemeine richterliche Prüfungszuständigkeit gesichert werden.

Endlich wirkt auch noch das Streben, die zwischen Recht und Politik, Normativität und Existentialität bestehende Antinomie nach Möglichkeit zugunsten des Primats des Rechts zu lösen, zum mindesten reflexmäßig zugunsten des Individuums. Je mehr nämlich hochpolitische Regierungsakte, die infolge ihrer dynamisch irrationalen Wesensart sich grundsätzlich der Erfassung durch das Recht zu entziehen suchen[69], materiell justitialisiert werden, um so ungefährlicher für das Individuum wird der nicht kalkulierbare Unsicherheitsfaktor des Politischen[70].

---

[67] Zu diesen Begriffen C. Schmitt, Legalität und Legitimität, 1932, S. 20ff. Der Begriff der Legitimität ist aber im Gegensatz zum Text bei C. Schmitt offenbar im Sinne einer plebiszitären Legitimität verstanden.

[68] C. Schmitt a. a. O. S. 27.

[69] Näher zu diesem Begriff des Politischen Smend in der Festgabe für Kahl II, S. 16f. und Verfassung a. a. O. S. 18; Triepel, Veröffentlichungen der Vereinigung deutscher Staatsrechtslehrer, Heft 5 (1929), S. 6ff.; Mannheim, Ideologie und Utopie, 1929, S. 70f.; Bilfinger, Zeitschrift für ausländisches öffentliches Recht und Völkerrecht, Bd. I (1929), S. 59ff. Eine Auseinandersetzung mit der Schrift von C. Schmitt, Der Begriff des Politischen, muß einem anderen Zusammenhang vorbehalten bleiben.

[70] Nach C. Schmitt und anderen erscheint die Verfassungsgerichtsbarkeit allerdings nicht mehr, wie es der immer mehr Allgemeingut werdenden Einsicht von dem Wesen des Verfassungsrechts als politischen Rechtes entspricht, als eine besondere Art Gerichtsbarkeit über politische Rechtsstreitigkeiten, die sich hierdurch zugleich von jeder anderen Gerichtsbarkeit unterscheidet, sondern im wesentlichen als nichts anderes wie in Gerichts-

Trotzdem darf der Rechtsstaatsgedanke aber nicht, wie fast eine communis opinio will, um seiner liberalen Provenienz willen als form gekleidete Politik. Denn im Gegensatz zu der lediglich tatbestandsmäßig subsumierenden Justiz soll es sich bei der Verfassungsgerichtsbarkeit, bei der Feststellung eines Widerspruches zwischen Verfassungsgesetz und einfachem Gesetz — weil die Zweifel und Meinungsverschiedenheiten den Inhalt des Verfassungsgesetzes betreffen — um eine Unklarheit des Verfassungsgesetzes und daher um eine Bestimmung des Gesetzesinhaltes, demnach in der Sache um Gesetzgebung, sogar Verfassungsgesetzgebung und nicht Justiz handeln. (C. Schmitt, Archiv des öffentlichen Rechts, N. F., Bd. 16, S. 197/98; Festgabe für das Reichsgericht, Bd. I, S. 163f.; Hüter der Verfassung, 1931, S. 36ff., 45.) Wäre dies richtig, so würde der Staatsgerichtshof tatsächlich gegenüber den zu politischen Rechtsentscheidungen berufenen Instanzen überhöht werden, was nicht nur für den „starken", sondern schlechthin jeden Staat unertragbar wäre. Dies trifft aber in Wirklichkeit nur so weit zu, als sich für die richterliche Entscheidung grundgesetzliche, inhaltlich durch Auslegung näher festlegbare Wertungen und Rechtssätze nicht nachweisen lassen, nicht aber soweit es sich um durch Auslegung behebbare Zweifel und Meinungsverschiedenheiten von Verfassungsnormen handelt. Denn das Entscheidende ist nicht, daß bei der Verfassungsjustiz eine Norm auf ihre Übereinstimmung mit einer anderen Norm geprüft und bei der ordentlichen Rechtspflege ein Sachverhalt subsumtionsmäßig unter eine Norm gestellt wird, sondern daß eine inhaltlich entweder eindeutige oder doch jedenfalls bestimmbare und damit praktikable Norm „angewandt" wird, gleichgültig ob deren „Anwendbarkeit" darin besteht, daß nach ihr eine Norm ausgerichtet oder subsumtionsmäßig ihr ein Tatbestand unterstellt wird. Grundsätzlich ist es für die Art der Tätigkeit des Richters (nicht für seinen Gegenstand) nicht von Belang, ob er Zweifel und Meinungsverschiedenheiten eines Verfassungsgesetzes oder eines einfachen Justizgesetzes zu beheben hat. Auch der Zivil- und Strafrichter hat bei der Feststellung des Norminhaltes, der oft genug umstritten ist, Wertungen rechtlicher Art einzuschalten; seine Tätigkeit ist in Wahrheit nicht so sehr eine subsumierende als vielmehr dezidierende. (Näher Kelsen, Wer soll der Hüter der Verfassung sein? in Die Justiz, 1931, Bd. VI, S. 588ff.) Auch bei der Feststellung eines offensichtlichen, zweifellosen Widerspruchs eines Gesetzes mit einem Verfassungsgesetz handelt es sich hiernach um einen Fall echter Verfassungsjustiz und nicht, wie C. Schmitt in Abweichung seiner grundsätzlichen These will, um eine „Art vindikativer Strafjustiz". In Wirklichkeit wird von C. Schmitt die Problematik, die dem Verfassungsrecht als politischem Recht immanent ist, und die darin besteht, daß dieses weder Politik noch Recht wie anderes Recht, sondern Recht ist, das sich infolge der besonderen Art seines Gegenstandes von Natur aus nach Möglichkeit der rechtlich normativen Umklammerung zu entziehen sucht, aber trotzdem immer noch Recht in dem Sinne ist, daß es ein Objektives voraussetzt, das das menschliche Erkenntnisvermögen unbeschadet aller Trübungen sachlich bindet, gewaltsam durch die Identifizierung von politischem Recht und Politik in Frage gestellt. Diese Identifizierung führt zwangsläufig zu der Konein schlechthin bürgerlich-liberales Produkt bezeichnet werden[71], wenn man diesen nicht seines eigenen Bedeutungsgehaltes entkleiden und wesensmäßig denaturieren will. So wie es verschiedene Arten und Gestaltungen des Liberalismus gibt, die voneinander unterschieden werden müssen[72], gibt es auch verschiedene, historische Formen oder doch jedenfalls Ausprägungsmöglichkeiten des Rechtsstaatsgedankens, ohne daß von diesen etwa die konstanten, formalrechtsstaatlichen Strukturelemente (wie Unabhängigkeit der Justiz, Gesetzmäßigkeit der Verwaltung, Verwaltungsgerichtsbarkeit, Bindung des Gesetzgebers an das Recht, richterliches Prüfungsrecht usw.) betroffen werden. Neben den klassisch-liberalen, das Streben nach individueller Sicherheit betonenden Rechtsstaaten etwa im Sinne Kants und Fichtes gibt es z. B. solche, bei denen der entscheidende Akzent ein mehr gemeinschaftsmäßig gebundener ist und die individuellen Freiheitsrechte daher mehr sozial affiziert sind wie z. B. nach dem gekennzeichneten Bedeutungswandel die Grundrechte der Weimarer Reichsverfassung[73]. Daneben gibt es in der Haltung konservative Rechtsstaaten, die die individuellen

---

sequenz, daß das Verfassungsrecht, soweit es sich nicht um inhaltlich eindeutiges Verfassungsrecht handelt, nur noch als Politik, die verfassungsrechtlichen Streitigkeiten nur noch als politische Streitigkeiten, gutachtliche und literarische Äußerungen zu Fragen des Verfassungsrechtes nur noch als politische Äußerungen ohne irgendeine sachliche Verpflichtungskraft betrachtet werden können. Letzthin führt somit die Identifizierung von politischem Recht und Politik zu einer völligen Auflösung des Verfassungsrechts überhaupt. Gegen die heute üblichen, rechtsstaatlich destruktiv wirkenden Übersteigerungen an sich begründeter Bedenken, die sich insbesondere gegen die Verfassungsgerichtsbarkeit richten (typisch z. B. Huber, Reichsgewalt und Staatsgerichtshof, 1932; hiergegen mit Recht schon Triepel, Deutsche Juristenzeitung, 1932, Bd. 37, Sp. 1508 und auch Heckel, Archiv für öffentliches Recht, N. F., Bd. 23, S. 245) vor allem E. Kaufmann, Grundlagen der internationalen Politik, 1932, insbesondere S. 18f.

[71] Hiergegen mit großem Recht schon Triepel, Veröffentlichungen der Staatsrechtslehrer, Heft 7 (1932), S. 197.

[72] Zu den verschiedenen geschichtlichen Formen des Liberalismus die eingehende Analyse bei Ruggiero, Geschichte des Liberalismus in Europa, S. 85—329.

[73] Koellreutter, Der nationale Rechtsstaat bestimmt demgegenüber ebenso wie die Grundrechte so auch den Rechtsstaatsbegriff der Weimarer Reichsverfassung in klassisch liberalem Sinne, nämlich im Sinne einer „Garantie der individuellen Rechtspositionen" (z. B. S. 3, 6, 16, 22).

Freiheitsrechte nur in mehr oder weniger autoritär-weltanschauungsmäßiger Gebundenheit anerkennen wie z. B. partiell der Rechtsstaat des 19. Jahrhunderts, in dem das ursprünglich vorstaatlich gedachte Individuum seinen Frieden mit dem Staat geschlossen hatte[74], wie schließlich möglicherweise auch sozialistische Rechtsstaaten, in denen das Eigentum im Gegensatz zur persönlichen Freiheit — wie etwa nach den Forderungen der zweiten sozialistischen Internationale — oder sogar Eigentum und Freiheit mehr oder weniger radikal in dem Kollektivum Staat aufgehoben sind[75]. So nehmen z. B. — ob mit Recht, kann hier dahingestellt bleiben — heute auch die diktaturförmig strukturierten Staaten trotz ihres betonten Antiliberalismus besonders gern die rechtsstaatliche Ideologie für sich in Anspruch. Entscheidend ist hiernach für die jeweilige Struktur des Rechtsstaates das nach Zeit und Ort wechselnde Materiale des Rechts, die inhaltlich Wandlungen unterworfene Rechtsidee, die in dem Rechtsbewußtsein, dem Rechtsgefühl, den Gerechtigkeitsvorstellungen der Gemeinschaft ihren Niederschlag findet, und die in ihrer konkreten Ausprägung das Individuum und die persönliche Freiheitssphäre ebenso schützen wie möglicherweise zum Gegenstand radikaler Eingriffe machen kann.

Grundrechte, Gewaltenteilungs- und Zweikammersystem, Rechtsstaat in der ihm eigenen, ursprünglich liberalen Provenienz mit betonter Schutzintention zugunsten des Individuums liegen insofern in der gleichen Ebene, als die hierdurch geschaffenen Hemmungen vor allem organisatorisch-mechanischer Art jedenfalls primär nicht

---

[74] Dazu auch v. Hippel, Die Krise des Rechtsgedankens in Schriften der Königsberger Gelehrten Gesellschaft, 9. Jahrg., H. 3, S. 17 (99).

[75] Nicht möglich ist es, wie offenbar Koellreutter a. a. O. will, den im Zeichen des Nationalstaates politische Wirklichkeit gewordenen liberalen oder konservativen Rechtsstaat, der im übrigen von Koellreutter S. 13, 16 f. mit Recht grundsätzlich gleich behandelt wird, in Gegensatz zu einem offenbar allein als national gedachten Rechtsstaat zu stellen. Denn in Wirklichkeit waren auch die Rechtsstaaten des 19. Jahrhunderts und sind zum mindesten potentiell die im Texte erwähnten rechtsstaatlichen Typen auch nationale Rechtsstaaten, selbst wenn heute der Begriff der Nation inhaltlich einen Bedeutungswandel erfährt. Auch der von Koellreutter geforderte Primat des Politischen in allen Existenzfragen der Nation wird im Grunde genommen von den liberal rechtsstaatlichen Verfassungen wie auch der Weimarer Verfassung, wenn man deren eigentümlichen Ideengehalt nicht verzerrt, nicht in Zweifel gezogen.

im Sinne der Konstituierung einer eigenen Staatlichkeit gedacht sind. Gleiches gilt aber auch von den allgemein abstrakten, parlamentarischen Prinzipien, mit deren Hilfe man offenbar glaubte, gleichsam wie die Athene aus dem Haupt des Jupiter die volonté générale aus der Menge der Individualwillen hervorzuzaubern. Und damit ist etwas dem Liberalismus wesensmäßig überhaupt Eigenes angedeutet. Der Liberalismus ist, wenn auch wegen seiner metaphysischen Grundlagen, nicht substanzlos, so doch, wie schon sehr richtig vor allem Smend bemerkt hat, für sich allein keine Staatsform, weil er seinem letzten Grunde nach in seinem ursprünglichen Wollen und Streben individualistisch und nicht soziabel strukturiert ist. Politisch gesehen ist das weltanschauliche System des konsequenten Liberalismus das des Relativismus, der die Subjektivitäten gelegentlich, wie z. B. beim parlamentarischen System, mit einem mythischen Glanz umgibt, aber eine eigene politisch-metaphysische Wertwelt nicht zu konstituieren vermag. Für dieses System des Relativismus gibt es seinem ursprünglichen Ansatze nach gemeinschaftsmäßig nichts Absolutes und Objektives, und der etwaige Versuch, den kritischen Relativismus zu verabsolutieren, würde nur zu einem evidenten, inneren Selbstwiderspruch führen. Hieraus resultiert die „innere Staatsfremdheit" des Liberalismus, seine negativ-polemische Haltung dem Politischen und Staatlichen überhaupt gegenüber[76], seine kritische Energie, die ihn politisch zu einem Faktor gemacht hat, und die ihm seine geschichtliche Bedeutung sichert.

Wenn nun der Liberalismus sich darüber hinaus aber doch als politisch funktionsfähig erwiesen hat, so ist dies nur dadurch möglich gewesen, daß er auf die radikale Durchführung seiner Thesen verzichtet und inhaltlich zu Kompromissen sich bereitgefunden hat. So vermag z. B. das parlamentarische System nur dadurch willensvereinheitlichend zu wirken, daß es sich mit dem politischen Prinzip der Repräsentation und dem ebenfalls politischen, nämlich demokratischen Mehrheitssystem verbunden hat. Ebenso ist dem Sachgehalt nach politisch das Wertsystem des Liberalismus nur dort möglich, wo schon ohnehin ein politisch fester, traditionsmäßig

---

[76] Smend, Verfassung a. a. O. 4; C. Schmitt, Begriff des Politischen, S. 56f.; Tönnies, Schmollers Jahrb., Bd. 51, 1. Halbb., S. 176.

gegebener Bestand von absoluten Werten vorhanden ist, denen sich der Liberalismus nur anerkennend und bestätigend gegenüber verhalten kann. Der „honnête homme" im Sinne des klassisch-liberalen Idealbildes, die „gebildete" Einzelpersönlichkeit, die sich an dem Fundament der liberalen Demokratie, dem Prinzip der „vertu" (im Sinne der Montesquieuschen Formel) orientiert, hat daher innerhalb der politischen Sphäre der parlamentarischen Demokratie ebenso wie innerhalb der konstitutionellen Monarchie die Pflicht, das selbständig freie Handeln zu einem von innen heraus „kollektiv fundierten und auf ein Kollektiv intendierten[77]" zu machen. Vom deutschen, am klassischen Idealismus Kants und Fichtes orientierten Liberalismus gilt dies, im Gegensatz etwa zum Manchestertum, im besonderen Maße. Erst dadurch, daß sich die Individuen im Sinne der die konkrete politische Existenz der Gemeinschaft begründenden Wertwelt motivieren, entsteht das spezifisch liberal-demokratische Bewußtsein. Anders ausgedrückt: der Liberalismus findet politisch seine innerlich notwendige Begrenzung an der Metaphysik und Substanz der jeweils konkreten Staatsform. Unter diesem Aspekt kann man auch von einem politischen Freiheitsbegriff des Liberalismus sprechen, der dann nicht mehr mit dem Recht auf absolute Ungebundenheit und mit verantwortungsloser individueller Willkür identifiziert werden darf. Die politisch-liberale Freiheit setzt vielmehr ebenso wie etwa die Freiheit der Wissenschaft und die religiöse Freiheit des Protestantismus und der ethisch-metaphysische Individualitätsgedanke als Komplementärprodukt eine pflichtmäßige Bindung, einen schöpferischen Kompromiß zwischen Freiheit und Gesetz, zwischen Subjekt und Objekt voraus, mag das überindividuelle, das Gewissen bindende Gesetz das der Wahrheit, des religiösen Dogmas[78], das eines bestimmten Kulturwertes[79]

---

[77] Ausdruck von A. Weber, Das Ende der Demokratie, 1931, S. 5; ähnlich auch Stavenhagen in Nation und Staat, 3. Jahrg., H. 8 u. 9 (Sonderdruck S. 22f.).

[78] Über den Bezug der religiösen Freiheit auf Autorität und Gesetz im ältesten Christentum etwa Deißner, Greifswalder Universitätsreden, H. 30 (1931).

[79] In diesem Sinne vertritt allgemein kulturphilosophisch den Individualismus gegenüber einem lässigen intellektualistischen Individualismus und matter Toleranz etwa Troeltsch, Der Historismus und seine Überwindung, 1924, S. 41ff., insbesondere S. 47.

oder das einer stillschweigend vorausgesetzten, konkret-politischen Wertwelt sein[80]. In diesem Sinne bestimmt auch Ruggiero in seinem bekannten Buche über die Geschichte des Liberalismus in Europa das politisch-liberale Freisein, „in dem sein eigener Herr" sein, d. h. von den andern in dem Sinne unabhängig sein, daß jede natürliche und zwangsmäßige Abhängigkeit abgeschafft wird und an ihre Stelle jene tritt, die das Pflichtbewußtsein gegen sich selbst und gegen die anderen freiwillig verlangt". In diesem Sinne bedeutet die Freiheit „die Übertragung der Quelle von Autorität und Gesetz ins innerste Wesen des eigenen Geistes"[81]. Um dieser Bindung willen ist aber der Liberalismus noch lange nicht „staatsfromm" oder „autoritätsgläubig"[82]. Denn die Anerkennung eines eigenstaatlichen Bereiches ist nur die erzwungene Voraussetzung, die den Liberalismus entgegen seiner ursprünglichen Natur erst politisch funktionsfähig macht.

Erst dadurch, daß über die der liberalen, konstitutionellen Monarchie oder Demokratie zugrunde liegenden, politischen Werte nicht ernsthaft diskutiert werden darf, erhalten auch die Länder, in denen praktisch politisch der Liberalismus mehr oder weniger noch heute funktioniert wie z. B. in der Schweiz, den angelsächsischen Staaten und vor allem in Frankreich den ihnen eigenen, konservativen Grundzug. Diese konservative Haltung findet z. B. ihren Ausdruck in dem „Le bon sens", der von Tocqueville für die Schweiz so rühmend, weil die Demokratie mäßigend, hervorgehoben wird, in dem freiheitlich-individualistischen Lebensideal, das dem ganzen politischen Leben in Frankreich, gerade weil dieses auch die unteren Schichten der bürgerlichen Gesellschaft mitergreift, sein typisch normatives Gepräge leiht, so daß man geradezu den Konservativismus der französischen Demokratie als „auf dieser Homogenität des bürgerlichen Lebenstypus in der französischen

---

[80] Zu den Komplementärprodukten des liberalistischen Freiheitsbegriffes sehr gut Schindler, Verfassungsrecht a. a. O. S. 88f.

[81] Ruggiero a. a. D. S. 337f.: „Sich selbst Gesetz sein oder auch selbständig sein, einer Autorität gehorchen, die das Gewissen anerkennt, weil es aus seinem Gesetz hervorgeht, das bedeutet wirklich frei sein" (S. 338).

[82] So z. B. Adler, Staatsauffassung des Marxismus, S. 142.

Gesellschaft" ruhend bezeichnen kann[83]. Ähnlich findet in England der Konservativismus seine vielleicht festeste Stütze in dem einheitlich-gesellschaftlichen Gentleman Typus, während die konservative Gesinnung in den Vereinigten Staaten sich in einer geradezu orthodoxen Treue gegenüber der durch den Supreme Court behüteten Verfassung äußert. Erachtet sich doch an diese der amerikanische auch heute noch im wesentlichen homogene, bürgerliche Typus selbst dann für gebunden, wenn diese Gesinnung an sich notwendigen Verfassungsreformen gegenüber hinderlich ist[84]. Nur der Ausdruck einer ähnlich konservativen Staatsgesinnung ist auch die vor allem von Bilfinger und C. Schmitt für die deutschen Verhältnisse inaugurierte, von anderen mehr oder weniger inhaltlich abgewandelte, sogenannte Unantastbarkeitslehre, nach der — ähnlich wie etwa die Staatsformbestimmung der französischen Verfassung — auch nicht die essentiellen Entscheidungen der Weimarer Verfassung mit Hilfe eines verfassungsändernden Reichsgesetzes geändert werden können sollen. Diese Lehre ist jedenfalls insoweit begründet, als „ein gegenüber jedem Inhalt indifferentes, neutrales Abänderungsverfahren"[85] nicht dazu verwendet werden darf, um die demokratischen Strukturprinzipien der Freiheit und Gleichheit über das notwendige organisatorische Minimum hinaus ganz oder teilweise zu beseitigen. Denn die Demokratie kann sehr im Gegensatz zum Liberalismus politische Substanzverluste nur insoweit vertragen, als die die Demokratie tragenden Bestandteile des Verfassungssystems nicht selbst vernichtet werden[86]. Der Satz,

---

[83] Bergsträsser, Staat und Wirtschaft Frankreichs, 1930, S. 42 und allgemein über die französische Demokratie insbesondere S. 108 ff.; dort auch der Hinweis, daß gerade durch diesen sehr in die Tiefe und Breite angelegten bürgerlichen Typus Frankreich mehr als andere Länder in die Lage versetzt worden ist, sich den Gefahren von Feudalismus und Reaktion ebenso wie denen von proletarischer Revolution und Hochkapitalismus zu entziehen.
[84] Vgl. u. a. Hensel in Königsberger Auslandsstudien, Bd. 8 (1933), S. 59.
[85] C. Schmitt, Hüter der Verfassung, S. 113.
[86] Vgl. auch Kirchheimer, Archiv für Sozialwissenschaft, Bd. 68, S. 472 f. Über die essentiellen Strukturprinzipien der Demokratie, aus denen sich auch allein die von C. Schmitt jüngst so nachdrücklich betonte, gleiche Chance aller Staatsbürger, an der Staatswillensbildung teilzunehmen, herleiten läßt, oben S. 10 f.

daß die Souveränität des Volkes unverzichtbar und unveräußerlich ist, hat keinen anderen Sinn wie diesen. Diese intensive konservative Staatsgesinnung, die das Lebenselixier dieser Art Demokratie ist, hat Schindler[87] nicht mit Unrecht als das kompensatorische Außerstaatliche bezeichnet, in dem die allgemeine Polarität des Sozialen gegenüber dem Recht in der liberalistischen Demokratie zum Ausdruck gelangt.

Diese Polarität des Sozialen zeigt sich im übrigen nicht nur darin, daß der Liberalismus politisch eine bestimmte, ihn begrenzende, echte Kollektivität voraussetzt, sondern daß er seinerseits auch kollektivitätsneubildend wirkt. Die weitgehende Befreiung des Individuums vom Staat hat eine um so stärkere Bindung des Einzelnen an Staat und Nation nicht nur deshalb erzeugt, weil ein innenpolitisch in Freiheit bestimmtes Staatsbild auch konsequenzmäßig die Selbstbestimmung des nationalen Ganzen fordert, sondern weil die „Souveränerklärung" der Nation überhaupt erst die Voraussetzung für die Entfaltung der politisch individuellen Freiheit schafft. Die Nation mußte an staatlicher Integrationskraft gewinnen, je mehr die anderen integrierenden Faktoren an staatlicher Integrationskraft verloren[88]. Es ist so kein Zufall, daß im Gefolge der Französischen Revolution gerade die entscheidend liberalistisch unterbaute Monarchie und Demokratie es war, die im 19. Jahrhundert dem Nationalstaat zuerst geschichtlich konkrete Formen gab, das Volk zu einer Nation und diese damit zu dem obersten, politischen Gestaltungsprinzip werden ließ[89]. Dieser die Ausweitung der individuellen Freiheit kompensierende, nationale Affekt bestimmt auch in der Gegenwart entscheidend mit die politische Einheit der liberalen Demokratie, wenn dies auch heute in

---

[87] Verfassungsrecht S. 141f.

[88] Schindler, Verfassungsrecht a. a. O. S. 144 macht in diesem Zusammenhang mit Recht darauf aufmerksam, daß im 19. Jahrhundert der nationale Integrationsfaktor häufig von den Regierungen zur Behebung innerpolitischer Schwierigkeiten und damit auch zur innerpolitischen Integration verwendet wurde. Zum Text auch noch etwa Jerusalem, Über den Begriff der Nation, 1932, S. 7f., und Salomon, Allgemeine Staatslehre, 1931, S. 60.

[89] Näher vor allem die Analyse bei H. O. Ziegler, Die moderne Nation, insbesondere S. 90ff. Zur Entwicklungsgeschichte des Nationalismus im 19. Jahrhundert auch etwa noch Mitscherlich, Nationalismus², 1929, S. 239ff.

einer Zeit, in der der Nationalismus neue Formen anzunehmen beginnt und sich das staatsschöpferische Prinzip der Nation als stärker erweist als das System der innerpolitischen Freiheit, dem es seine Entstehung verdankt, häufig übersehen oder doch nicht zugeben wird. Wird doch heute nicht selten dem 19. und beginnenden 20. Jahrhundert mehr oder weniger sein nationalstaatliches Gepräge abgesprochen[90] — sehr entgegen der geschichtlichen Wirklichkeit, da vor allem der Weltkrieg — und zwar gerade in den liberalistisch unterbauten Staaten — von der Tiefe und Echtheit des nationalen Erlebnisses auch der nicht in den Staat in complexu hineinintegrierten Schichten in schwer zu überbietender Eindrücklichkeit gezeugt hat.

III.

Nach alledem besteht gegenüber den autoritären Staatsformen Größe und Schwäche jedes entscheidend liberalistisch strukturierten Staatssystems darin, daß, abgesehen von dem verschiedenen Maß der Bindung des Individuums, hier die Existenz des kompensierend wirkenden, politisch metaphysischen Weltbildes nicht rechtssatzmäßig gesichert, sondern als etwas sich von selbst Verstehendes stillschweigend vorausgesetzt wird[91]. Eine liberalistisch strukturierte Demokratie zum Beispiel, die über diesen als selbstverständlich vorausgesetzten, inneren, geistig-sittlichen Halt nicht verfügt, sondern entsprechend dem zu mindest politisch-relativistischen Grundgehalt des Liberalismus die absoluten politischen Werte zum Gegenstand des inneren und äußeren Zweifels macht, untergräbt die ideellen Triebkräfte des Staates[92] und gefährdet die spezifisch-staatlichen Kategorien wie Befehl und Gehorsam, Autorität und Zwang[93], ohne die kein Staat, auch nicht der liberale Staat, existenzfähig ist. Ein solcher Liberalismus wirkt, wie für den Bestand einer

---

[90] Etwa nach den vielzitierten Worten von Franz Schauwecker: „Wir mußten den Krieg verlieren, um die Nation zu gewinnen."

[91] Näher hierzu vor allem Schindler, Verfassungsrecht, insbesondere S. 91f., 117f., 145f. Vgl. auch Steed, Diktatur und liberale Weltanschauung in Prozeß der Diktatur herausgegeben von Forst de Battaglia, 1930, S. 81ff.

[92] So schon Naumann, Der Kaiser im Volksstaat, 1917, S. 22f.

[93] Vgl. auch Glum, Zum Problem der Staatsautorität in Volkstum und Kulturpolitik, Festgabe für Schreiber, 1932 (Sep.-Abdr. S. 10ff.).

jeden Gemeinschaft, so auch für die Demokratie destruktiv. Wie z. B. die Universitäten zutiefst in ihrem Bestande bedroht werden, wenn das Fundament, auf dem die Universitäten ruhen, der materiale Wahrheitswert, der allein zu echter wissenschaftlicher Haltung befähigt, in seiner Existenz von seiner rational-logischen Beweisbarkeit abhängig gemacht wird[94], so läuft die liberale Demokratie, wenn die Diskussion deren metaphysische Grundlagen ergreift, letzten Endes Gefahr, sich mit dem skeptizistischen Rationalisierungsprozeß aufzulösen. Eine solche anarchistisch entartende Demokratie, der in seiner krassesten Form als Ochlokratie schon seit der Antike immer und immer wieder nachdrücklichster Protest gegenüber angemeldet worden ist[95], kann sogar völlig „legal" mit ihren eigenen Methoden ohne Revolution und Staatsstreich aus den Angeln gehoben werden. Denn diese Art Demokratie steht, will sie nicht im Widerspruch zu ihren eigenen Voraussetzungen sich selbst ein autoritäres oder sogar diktaturförmiges Gepräge geben, antiliberalen und antiparlamentarischen Bewegungen, die der liberalen Demokratie den von ihr stillschweigend voraus-

---

[94] Es ist kein Zufall, daß die Blütezeit systematisch wissenschaftlicher Erkenntnis im 17. Jahrhundert auch auf dem Gebiet der Naturwissenschaften eine metaphysisch, d. h. „natürlich" fundierte gewesen ist. Eine Skepsis, die die theoretische Möglichkeit und das positive Faktum einer Vielheit von Weltanschauungen und Entscheidungen zum Ansatze dafür nimmt, um die Möglichkeit der Wahrheitsermittlung und damit den Sinn der Wissenschaft überhaupt zu leugnen oder, was dem gleichkommt, sie völlig metaphysikfrei zu machen, ist, wie Spranger mit Recht bemerkt, in Wahrheit Sepsis und führt ebenso wie im politischen Leben zur Anarchie. Über die konstanten Strukturelemente auch in der heutigen wissenschaftlichen Situation Spranger, Der Sinn der Voraussetzungslosigkeit in den Geisteswissenschaften, 1929 (Aus den Sitzungsberichten der preußischen Akademie der Wissenschaften), S. 18 f. Insbesondere über die Lage der deutschen Staatsrechtslehre mein Bericht in den Archives de Philosophie de Droit et de Sociologie juridique, Bd. I (1931), S. 207 ff. (vgl. auch Blätter für deutsche Philosophie, Bd. 5 (1931), S. 175 ff.) mit weiteren Literaturnachweisen. Jetzt etwa ferner noch E. Mayer, Die Krisis der deutschen Staatslehre und die Staatsauffassung Smends, Kölner Dissertation 1931, insbesondere S. 9 ff.; Erler, Der Minderheitenstaat im Lichte der Integrationslehre in Volkstum und Kulturpolitik, 1932 (Sep.-Abdr. S. 1 ff.).

[95] Man vergleiche dazu etwa schon die Schilderung von Platon im achten Buch „Der Staat" und das sechste Buch der „Politik" von Aristoteles.

gesetzten Gehorsam auf Grund eines freien Entschlusses aufkündigen und diese nach dem Ausspruch des französischen Klerikalen Louis Veuillot: „Nous vous demandons la liberté au nom de vos principes; nous vous la nions au nom des nôtres" mit Hilfe des Liberalismus ad absurdum führen wollen, von ihrer politisch grundsätzlich neutralen Einstellung hilflos und selbstmörderisch gegenüber. Der Satz Nietzsches: „Es gibt manchen, der seinen letzten Wert verlor, als er seine Dienstbarkeit wegwarf", gilt somit in seinem Bezuge auf bestehende Bindungen auch für die funktionierende, liberalistisch strukturierte Demokratie.

Und tatsächlich geht die Auflösung der parlamentarischen Demokratie vor allem auch in Deutschland entscheidend darauf zurück, daß die ursprünglich religiösen und später säkularisierten Werte, die der parlamentarischen Demokratie die von ihr vorausgesetzten, weltanschaulich metaphysischen Grundlagen vermittelt haben, durch den fortschreitenden rationalistischen Relativierungsprozeß zersetzt worden sind. Nicht zufällig ist von der sozusagen offiziösen Staats- und Rechtstheorie der Weimarer Verfassung, insbesondere von Kelsen, der Kritizismus, Positivismus und Relativismus nicht nur als das weltanschauliche Prinzip des Liberalismus, sondern auch der Demokratie bezeichnet worden[96]. Dieser heute entgötterte Relativismus hat letzthin die parlamentarische

---

[96] Zum Beispiel Kelsen, Vom Wert und Wesen der Demokratie ², 1929, S. 101; Staatsform a. a. O. S. 25 ff. und oben Anm. 38. Ferner etwa Radbruch, Handbuch des deutschen Staatsrechts, Bd. I (1930), S. 289, ohne allerdings im Rahmen seiner Parteienlehre den Relativismus konsequent durchzuführen (dazu Leibholz, Veröffentlichungen der Vereinigung der deutschen Staatsrechtslehrer, H. 7, S. 173, Anm. 36), und Adler, Zeitschrift für Politik, Bd. 22, S. 181. Näher zum Relativismus überhaupt Radbruch, „Rechtsphilosophie" ³, S. 9ff. mit weiteren Literaturnachweisen, und zu dem Versuch, einen näheren weltanschaulichen Zusammenhang zwischen Demokratie und Relativismus zu konstruieren, Menzel, Zeitschrift für öffentliches Recht (1921), Bd. II, S. 701ff., dessen Untersuchungen aber darunter leiden, daß der Begriff der Demokratie selbst nicht näher bestimmt, sondern im Kelsenschen Sinne vorausgesetzt wird. Abgeschwächt — da nur als notwendiges Mittel zur Gewinnung des Absoluten gedacht — das System des politischen Relativismus bei Gurvitch, Revue de Métaphysique et de Morale, Bd. 36 (1929), S. 414f., während die „relativen Objektivitäten" bei Köttgen, Blätter für deutsche Philosophie, Bd. V, z. B. S. 199 bereits etwas völlig anderes sind.

Demokratie um ihre objektiven Wertungsgrundlagen, um ihren Mythus und ihre Substanz gebracht[97]. Er hat die bestehenden Bindungen weitgehend aufgelockert, die organischen Daseinsgrundlagen des Volkes gefährdet, die Staatsautorität geschwächt.

Aus dieser geistigen Haltung heraus hat z. B. die Weimarer Verfassung auch bewußt darauf Verzicht geleistet, sich durch das Religiöse, im weitesten Sinne verstanden, bestätigen zu lassen. Man hat die vorhandenen Ansätze zu einer geistig-materialen Deutung der Demokratie ebensowenig gesehen oder vielleicht auch sehen wollen, wie man von der der Reichsverfassung zugrundeliegenden, gewiß nicht religionsfeindlichen, aber doch religiös-neutralen Einstellung konsequent das bisherige Band mit dem Protestantismus zerschnitten hat, um an dessen Stelle, wie dies jüngst Smend[98] eindrücklich geschildert hat, ein im wesentlichen amtliches, loyales und kühles Verhältnis von Staat und Kirche zu setzen. Und man hat den beamteten Trägern bedingungslos die Freiheit der politischen Gesinnung und Vereinigungsfreiheit gewährleistet und sich damit — will man nicht diese Freiheit der Beamten aus dem auch in der Verfassung enthaltenen Prinzip, nach dem die Beamten sich als politisch neutrale „Vertreter der Gesamtheit" dem Staate besonders verbunden fühlen sollen, nachträglich modifizieren[99] — zu dem von Köttgen[100] näher gekennzeichneten Prinzip der politischen Standpunktlosigkeit bekannt, das mit der Möglichkeit unbeschränkter Persönlichkeitsgeltung den Staat letzthin selbst gefährdet.

Diese Zersetzung der politisch-metaphysischen Grundlagen der

---

[97] Selbst der historische Materialismus als die Lehre von der alleinigen ökonomischen Bedingtheit aller bisherigen Staats- und Gesellschaftsauffassungen ist (sieht man vom Kommunismus ab) in dieser Weise vom kritischen Relativismus seiner ursprünglichen metaphysischen Fundierung dadurch entkleidet worden, daß die Frage gestellt worden ist, ob nicht auch jener erst durch eine bestimmte ökonomische Situation und Ideologie bedingt worden ist; vgl. Mannheim, Ideologie und Utopie, 1928.

[98] Protestantismus und Demokratie in „Die Krise", 1932, S. 182 ff.

[99] In diesem Sinne z. B. gegen Köttgen Anschütz, Kommentar zur Reichsverfassung (10. Aufl.), Anm. 2 zu Art. 130; Huber, Archiv für öffentliches Recht, N. F. Bd. 23 S. 54 mit weiteren Literaturnachweisen Anm. 93.

[100] Die politische Betätigung der Beamtenschaft im Verwaltungsarchiv, Bd. 37 (1932), insbesondere S. 260.

Demokratie durch den relativistischen Liberalismus geht in ihrem Ansatzpunkte auf die Emanzipation des Bürgertums und die Zusammenfassung dieses Bürgertums zur bürgerlichen Gesellschaft[101] zurück. Durch diese wurde das Individuum endgültig aus den natürlichen und politischen Ordnungen und Bindungen des Mittelalters gelöst, in dem noch „die Stände der bürgerlichen Gesellschaft und die Stände in politischer Bedeutung identisch waren, weil die bürgerliche Gesellschaft die politische Gesellschaft, das organische Prinzip der bürgerlichen Gesellschaft das Prinzip des Staates war"[102]. Diese politische Emanzipation des Bürgertums bedeutete „zugleich die Emanzipation der bürgerlichen Gesellschaft von der Politik"[103]. Der Mensch der bürgerlichen Gesellschaft befreite sich in allen wesentlichen Funktionen vom Staate, er wurde autonom und innerhalb des staatsfreien Raumes im 19. Jahrhundert zum berechnet-ökonomischen und intellektuell-unmetaphysischen Menschen, dessen Lebenssphäre das Privatinteresse war[104]. Hierdurch wurden die lebendigen Werte weitgehend zerstört, wurde das Leben unpersönlich, das Arbeitsverhältnis durch die Abspaltung der Produktionsverhältnisse von den übrigen Lebensbereichen versachlicht, das Produkt vom Produzenten getrennt[105]. „Gelähmtheit des Glaubens ist das entscheidende Kennzeichen des Ökonomismus

---

[101] Zu den verschiedenen Typen der Klassengesellschaftsformen überhaupt etwa Fahlbeck, Die Klassen und die Gesellschaft, 1922.

[102] Marx-Engels, Ausgabe von Rjazanow, 1926, I, S. 487.

[103] Gesammelte Schriften von Marx-Engels 1841—1850, 1902, Bd. I, S. 422.

[104] Zu der marxistischen Staats- und Gesellschaftsauffassung aus der jüngsten Literatur vor allem H. Fischer, Karl Marx und sein Verhältnis zu Staat und Wirtschaft, 1932.

[105] Statt dessen herrscht die Apparatur und „die aufgehäufte vergangene, vergegenständlichte Arbeit über die unmittelbare, lebendige Arbeit" (Marx, Lohnarbeit und Konjunktur, 1907, S. 26), das Geld, das „alle Güter der Menschen erniedrigt — sie in eine Ware verwandelt...", „das die Menschenwelt wie die Natur ihres eigentümlichen Wertes beraubt hat" (Gesammelte Schriften a. a. O. 1902, S. 428). Vgl. ferner Marx-Engels, Das kommunistische Manifest (herausgegeben von Duncker, 7. Aufl., 1931 etwa S. 24f.): „Die Bourgeoisie, wo sie zur Herrschaft gekommen ist, hat alle feudalen patriarchalischen idyllischen Verhältnisse zerstört ... Sie hat die persönliche Würde in den Tauschwert aufgelöst ... Sie hat alle bisher ehrwürdigen und mit frommer Scheu betrachteten Tätigkeiten ihres Heiligenscheins entkleidet."

Die Auflösung der liberalen Demokratie in Deutschland   45

in der Zwischenstellung des 19. Jahrhunderts"[106], in dem Wirtschaft und Technik, Materialismus und Positivismus herrschen und kein Raum und Ort für Heiligkeit mehr ist.

Auch in der politischen Sphäre wirkt sich dieser Sachverhalt entscheidend aus. Denn der Bürger erscheint jetzt nicht mehr als politisches Wesen, als citoyen, sondern entgegen der Intention echter, ursprünglicher Demokratie zugleich als Glied der bürgerlichen Gesellschaft, als bourgeois. Er denkt nicht mehr nur allgemein politisch, sondern als Individuum auch privatpartikular und gefährdet damit zugleich das Allgemein-Staatliche und die politische Gemeinwillensbildung[107]. Und tatsächlich tritt im 19. Jahrhundert die bürgerlich-ökonomische Gesellschaft dadurch, daß sie als das entscheidende Produkt des Liberalismus sich immer weiter zu entfalten sucht und über den ihr eigenen staatsfreien Bereich hinaus auch auf das Politisch-Staatliche maßgeblich einzuwirken sucht, in einen zentralen Gegensatz zum Staat, den sie zu ihrem Angriffsobjekt macht und zu einer Schutzanstalt der Gesellschaft zu degradieren sucht[108]. Dieser Antagonismus von Staat und Gesellschaft, von politischem Wir und wirtschaftlichem Ich[109] gibt geradezu dem 19. Jahrhundert sein Gepräge. Schon Hegel hat in diesem Sinne das System des ökonomischen Egoismus und Atomismus in der bürgerlichen Gesellschaft als System der Bedürfnisse und „geistiges Tierreich" dem im Staat sich verwirklichenden System der Sittlichkeit gegenübergestellt[110]. Vor allem das

---
[106] H. Fischer a. a. O. 5.
[107] Richtig Groethuysen, Die Dialektik der Demokratie, 1932, insbesondere S. 10f., 14f.
[108] Vgl. schon z. B. W. v. Humboldt, Ideen zu einem Versuch, die Grenzen der Wirksamkeit des Staates zu bestimmen, 1792 (Gesammelte Schriften, herausgegeben von der Preußischen Akademie der Wissenschaften, Bd. I, S. 111): „In einer völlig allgemeinen Formel ausgedrückt, könnte man den wahren Umfang der Wirksamkeit des Staates alles dasjenige nennen, was er zum Wohl der Gesellschaft zu tun vermöchte; ... und es würde sich hieraus die nähere Bestimmung ergeben, daß jedes Bemühen des Staates verwerflich sei, sich in die Privatangelegenheiten der Bürger überall da einzumischen, wo dieselben nicht unmittelbaren Bezug auf Kränkung des Rechts des einen durch den anderen haben."
[109] Diese Formulierung bei Groethuysen a. a. O. S. 10.
[110] Dazu Hegel, Phänomenologie des Geistes, Philosophische Bibliothek S. 257 und § 323 der Enzyklopädie mit Zusatz zu § 114 der Rechtsphilo-

Parlament (nach Hegel die ständisch gegliederte Volksvertretung) wird — wenn auch nicht allein[111] — zu derjenigen Instanz, die die Gesellschaft und das privatwirtschaftliche Individuum in seiner isolierten Besonderheit mit dem Staate und dem politisch kollektiv-denkenden citoyen versöhnen soll. Die parlamentarischen Körperschaften, in denen sich die gesellschaftlichen, d. h. vor allem wirtschaftlich klassenmäßig bestimmten Kräfte durchzusetzen suchen, erscheinen — nach der zutreffenden Charakterisierung von Lorenz von Stein, Gneist und Smend[112] — geradezu als der Zwischenbau von Staat und Gesellschaft[113]. Und Träger dieses Antagonismus und Zwischenbaus in den parlamentarischen Körperschaften sind die Abgeordneten und politischen Parteien, die ebenso wie die Aktivbürgerschaft im Sinne einer Mischung von Idee und Interesse allgemeines und partikulares Wollen miteinander verbinden und eine im einzelnen mathematisch nicht auflösbare, staatsbürgerliche und zugleich bourgeoise Doppelstellung einnehmen[114].

sophie. An diesem Gegensatz von Staat und Gesellschaft haben L. v. Stein (Geschichte der sozialen Bewegung, I. Bd., insbesondere S. 31 ff.) und Gneist grundsätzlich festgehalten. Insbesondere über die Weiterbildung des Hegelschen Gesellschaftsbegriffes durch L. v. Stein etwa Adler, Staatsauffassung des Marxismus, S. 47f.

[111] Insbesondere sind auch die öffentlichen Körperschaften, wie Forsthoff, Die öffentliche Körperschaft im Bundesstaat, 1931, S. 8ff. dargetan hat, aus diesem Spannungsverhältnis zwischen Staat und Gesellschaft herausgewachsen.

[112] Maßstäbe des parlamentarischen Wahlrechts in der deutschen Staatstheorie im 19. Jahrhundert, 1912, S. 7ff.

[113] Ein solcher Zwischenbau, der im übrigen von Marx negativ bewertet wird, weil die „bloße Politik" nicht die Emanzipation des Proletariats zu sichern vermag, und der nach Marx auch im Gegensatz zum Text nicht die politische Ausdrucksform des 19. Jahrhunderts gewesen sein soll, wird bei Marx-Engels, Nachlaß herausgegeben von Mehring, I, S. 407f. wie folgt charakterisiert: „Wo der politische Staat seine wahre Ausbildung erreicht hat, führt der Mensch nicht nur in Gedanken, im Bewußtsein, sondern in der Wirklichkeit ein doppeltes, ein sinnliches und ein irdisches Leben, das Leben im politischen Gemeinwesen, worin er sich als Gemeinwesen gibt, und das Leben in der bürgerlichen Gesellschaft, worin er als Privatmensch tätig ist, die anderen Menschen als Mittel betrachtet, sich selbst zum Mittel herabwürdigt und zum Spielball fremder Mächte wird."

[114] Vgl. auch Groethuysen a. a. O. S. 27, 35. Allerdings wird diese Einsicht nicht konsequent festgehalten (z. B. S. 44, 57), da später das verallgemeinerte Partikularinteresse im Parteienstaat von dem Partikular-

Von der Intensität der Bedrohung des Staatlich-Politischen durch die Gesellschaft bereits im 19. Jahrhundert zeugt am nachdrücklichsten der Marxismus, nach dem Staat und Nation bereits nicht mehr im Gegensatz als zur Gesellschaft stehend, sondern umgekehrt als Erscheinungsformen und Produkte der ökonomischen Struktur der Gesellschaft betrachtet werden. „Der Staat ist nur die ideologische Bewußtseinsform der Gesellschaft als eines realen Zusammenhanges des menschlichen Daseins"[115]. Das staatliche Gemeininteresse erscheint nur als das mühsam verhüllte Sonderinteresse der gesellschaftlich herrschenden Klasse, die die Interessen der gesellschaftlich beherrschten Klassen zu Privatinteressen, die politische Freiheit zu einer Funktion der bürgerlichen Freiheit zu degradieren versteht, und die den Staat als nichts anderes erscheinen läßt wie eine Illusion der den Staat konstituierenden Gesellschaft, wie „ein juristischer und politischer Überbau" — oder nach dem kommunistischen Manifest — wie „die organisierte Gewalt einer Klasse zur Unterdrückung einer anderen".

In diesem Sinne ist in den letzten Jahren in immer steigendem Maße der Versuch, im 19. Jahrhundert „die gesellschaftlichen Kräfte in einem politischen Zwischenbau zu konsolidieren, als gescheitert" und der Staat als eine geschichtlich überwundene und durch die Wirtschaftsgesellschaft wesensmäßig umgeformte Macht betrachtet worden[116]. Aber auch von betont antimarxistischen Kreisen ist diese marxistische Staatskritik vielfach, wenn auch in polemischer Wendung, übernommen worden. So wird z. B. der Kampf gegen das Bürgertum heute mit im wesentlichen marxistischen Argumenten geführt. So ist ferner der Staat der Weimarer Verfassung nicht nur als pluralistisch in dem Sinne, wie es in England (z. B. bei Laski)

---

interesse des citoyen in der parteilosen unmittelbaren Demokratie, von dem es sich in Wahrheit der Sache nach nicht unterscheidet, als etwas Besonderes unterschieden wird. Auch gibt es in einem stabilisierten, von gesellschaftlichen Interessen durchsetzten Parteiensystem keine Parteien, die tatsächlich im „Namen des selbständigen Interesses des kollektiven Subjekts" ohne „Ichinteressen" sprechen können.

[115] Adler, Marxismus a. a. O. S. 59; Cunow, Die Marxsche Geschichts-, Gesellschafts- und Staatstheorie, 1921, Bd. I, S. 246ff., vor allem 269ff.

[116] So z. B. Michel, Die Demokratie zwischen Gesellschaft und Volksordnung in Probleme der Demokratie. Erste Reihe, 1925, S. 67ff., insbesondere 73, 82f.

üblich ist, nämlich als eine neben anderen Assoziationen in gleichberechtigter Konkurrenz stehende, politische Assoziation, sondern weitergehend im marxistischen Sinn schlechthin „als das Produkt der Selbstorganisation der Gesellschaaft" und der in dieser wirkenden, vor allem wirtschaftlich bestimmten Kräfte bezeichnet worden, die alle wichtigen, politisch-staatlichen Positionen erobert haben sollen und allein den maßgeblichen Einfluß auf den staatlichen Willen ausüben sollen. C. Schmitt hat ein solches, lediglich von sozialen Machtkomplexen beherrschtes Gebilde als eine Erscheinungsform des „totalen Staates" charakterisiert, der den Schlußstein einer Entwicklung bilden soll, die „vom absoluten Staat des 17. und 18. Jahrhunderts über den neutralen Staat des 19. Jahrhunderts zum totalen Staat der Identität von Staat und Gesellschaft" führt[117].

In Wirklichkeit ist diese These letzthin nur der Ausdruck für die Intensität des Auflösungsprozesses, in dem sich die staatlich-politischen Kräfte und metaphysisch-weltanschaulichen Grundlagen des Staates infolge ihrer Zersetzung durch die gesellschaftlich-wirtschaftlichen Machtkomplexe insbesondere der ökonomischen Interessenverbände befunden haben. Die Verschärfung der Gesamtlage, die darin zum Ausdruck kommt, daß die sozialen Gegensätze immer mehr in den Mittelpunkt des politischen Machtkampfes gerückt sind, hat aber nach der grundsätzlich qualitativen Seite hin den alten Gegensatz zwischen Staat und Gesellschaft, der in den erwähnten typischen Formeln allgemein-besonders, ideell-materiell zum Ausdruck kommt, und der entscheidend das Gesicht der gegenwärtigen Staatskrise bestimmt, nicht in Frage gestellt. Dies ergibt sich schon daraus, daß der Staat sich auch bisher als real existente, politische Einheit stets hat erweisen können, und daß auch die Parteien im massendemokratischen Parteienstaat den Primat des Politischen gegenüber den partikular-gesellschaftlichen Kräften im großen und

---

[117] Dazu vor allem C. Schmitt, Hüter der Verfassung, S. 71ff., insbesondere S. 79. In der gleichen Richtung etwa Hintze, Wesen und Wandlung des modernen Staates (Sitzungsbericht der preußischen Akademie der Wissenschaften), 1931, S. 5; Huber, Archiv für öffentliches Recht, N. F. 23, S. 87; Zehrer in Die Tat, Bd. 24 (1932), S. 439f.; Forsthoff, Die Krise der Gemeindeverwaltung, 1932, S. 60f.; dagegen etwa schon Kelsen in Die Justiz, Bd. VI, S. 604f., 611; Heckel, Archiv des öffentlichen Rechts, N. F. Bd. 22, S. 327f.

Die Auflösung der liberalen Demokratie in Deutschland 49

ganzen stets haben wahren können. Nur vereinzelt sind die Parteien im politischen Leben und, wie in Bezug auf unsere Verhältnisse schon heute gesagt werden kann, jedenfalls nur vorübergehend zu rein wirtschaftlich eingestellten Interessentenorganisationen herabgesunken. Auch hätte ein zur Selbstorganisation der Gesellschaft gewordener Staat in Wirklichkeit auseinanderbrechen müssen. Denn aus der Vielheit pluralistischer, gegen- und nicht füreinander wirkender Kräfte vor allem wirtschaftlich-klassenmäßig bestimmter Art kann nicht die politische Einheit des Staates hervorgehen. Daher ist auch die Verwendung der Formel des totalen Staates in diesem Zusammenhang irreführend, weil sie den Anschein erweckt, als ob der Staat als substantiellpolitische Einheit aus der Gesellschaft als einer unpolitischen Vielheit hervorgezaubert werden könnte [118].

Das Parlament ist hiernach bei uns nicht deshalb funktionsunfähig geworden, weil es „zum Schauplatz pluralistischer Aufteilung der organisierten gesellschaftlichen Kräfte und zu einer rein sozialen und wirtschaftlichen Interessenvertretung geworden ist" [119]. Vielmehr ist entscheidend gewesen, daß die Substanzverluste der Demokratie, die durch die zunehmend sich verschärfenden Einwirkungen der gesellschaftlich-ökonomischen Kräfte bedingt sind, die Voraussetzung der Funktionsfähigkeit auch der parlamentarischen Demokratie, nämlich die politisch-soziale Homogenität, in Frage gestellt haben [120]. Ein derartiges politisches Homogenitätsbewußtsein war zur Zeit der Entstehung der Weimarer Reichsverfassung in der gemeinsamen, zum gegenseitigen Ausgleich bereiten Front von Arbeiterschaft und Bürgertum ursprünglich vorhanden. Heute da-

---

[118] C. Schmitt, dem natürlich geläufig ist, daß die politische Einheit des Staates nicht pluralistisch begründet werden kann, sucht dem Parlament als „bloßem Abbild der pluralistischen Aufteilung des Staates" andere politisch, einheitsbildende Faktoren gegenüberzustellen. Als diese den Staat tragenden Kräfte erscheinen bei ihm die politisch neutralen und unabhängigen Mächte, vor allem der Reichspräsident, der als der Gegenspieler des pluralistischen Parteienstaates und geradezu als der berufene Wahrer und Hüter der Verfassung fungiert (so z. B. Hüter der Verfassung S. 158; dazu außer den folgenden Textbemerkungen die Vorbehalte unten Anm. 176.

[119] So vielfach C. Schmitt, z. B. Hüter der Verfassung S. 89.

[120] Über die Notwendigkeit eines gewissen Grades auch sozialer Homogenität für die politische Homogenität in der Demokratie etwa Heller in Probleme der Demokratie, 1928, S. 40ff. und oben S. 12.

gegen glauben die Massen nicht mehr daran, daß mit Hilfe der Methoden der parlamentarischen Demokratie, d. h. mit Hilfe wechselseitiger Diskussion, die großen politischen und wirtschaftlichen Gegensätze sich austragen lassen. Man ist sich heute über die Diskussionsgrundlagen des Parlamentarismus, über das zu seinem Funktionieren erforderliche, organisatorische Minimum von politisch gemeinsamen Grundeinsichten nicht mehr einig[121]. Die parlamentarische Demokratie hat durch diese Entwicklung ihre ursprünglich vorhandene Evidenz, und zwar nicht nur bei uns, weitgehend verloren. Sie ist glaubenslos geworden. Selbst Bryce[122] klagt darüber, daß „die freiheitliche Begeisterung, die die Herzen der Menschen ein Jahrhundert lang oder mehr vom Beginn der amerikanischen Revolution bis auf unsere Zeit beflügelt hat, sich abgekühlt hat", und auch in Frankreich, wo die parlamentarische Demokratie noch heute nahezu reibungslos funktioniert, spürt man diese Entgötterung des liberal-parlamentarischen Denkens, wenn man immer und immer wieder die Krise der Demokratie auf „une maladie de langueur", „une crise de croissance", eine Folge der „affaiblissement des convictions démocratiques" zurückführt[123].

Aber die Krise der parlamentarischen Demokratie geht nicht nur darauf zurück, daß der Liberalismus glaubenslos geworden ist, und daß als der soziologisch-ökonomische Ausdruck dieses Liberalismus die bürgerliche Gesellschaft und als ihr geistiger Ausdruck der kritische Relativismus die metaphysischen Grundlagen der Demokratie aufgelöst hat, sondern auch darauf, daß der Liberalismus in seinen Grundlagen durch die Eigengesetzlichkeit der Demokratie selbst weitgehend entwurzelt worden ist. Dieser Prozeß ist dadurch bedingt, daß durch den Liberalismus nicht nur das individualistisch denkende Bürgertum, sondern auch die

---

[121] Vgl. auch etwa Köttgen, Blätter für deutsche Philosophie, Bd. V, S. 204f.; Kirchheimer in Die Gesellschaft, 1932, S. 194f.

[122] Moderne Demokratien a. a. O. S. 61; vgl. auch noch Bd. III, S. 266ff., 291ff.

[123] So Guy-Grand, L'avenir de la Démocratie, 1928, S. 14ff.; Giraud, La Crise de la Démocratie a. a. O. S. 5, 9. Ähnlich auch noch Barthélemy, La Crise de la Démocratie contemporaine, 1929, z. B. S. 12f., 133f.; Devèze, La Crise du Parlamentarisme, 1932, S. 15ff.

Massen vor allem proletarischer Provenienz emanzipiert worden sind. Diese politisch befreiten Massen wenden sich heute gegen ihren eigenen Schöpfer, das Bürgertum, dessen Emanzipation sie nur als ein die eigene Freiheit bedingendes Moment anerkennen [124], und werden so zum Träger der gegen den Liberalismus selbst gerichteten Bewegung. In dialektischer Umformung der gegebenen, liberal-repräsentativen Sachverhalte wird so das Qualitative durch das Quantitative verdrängt, die graduelle Differenziertheit im staatlich-politischen Leben zugunsten der demokratischen Tendenz zur egalitären Kollektivität beseitigt [125].

Ausdruck dieser Entwicklung ist vor allem der Strukturwandel, der sich im Rahmen der modernen Demokratie vollzogen hat. Im Gegensatz zum geschriebenen Recht nämlich ist an Stelle der klassisch-liberalen, parlamentarischen Demokratie weitgehend der auch heute noch in anderen Staaten mehr oder weniger funktionierende, massendemokratische Parteienstaat getreten. Diese Massendemokratie setzt im Gegensatz zur repräsentativen Demokratie den Bestand von politischen Parteien, die allein die emanzipierten Massen der Staatsbürger zu politisch aktions- und handlungsfähigen Gruppen zusammenschließen können, als gesetzlich zulässige Funktionseinrichtungen des Ganzen voraus. Sie setzt nicht minder voraus, daß diese Parteien — und von ihnen abhängig die Fraktionen — im Sinne der in ihnen zusammengeschlossenen Aktivbürgerschaft nach Möglichkeit auf die Abgeordneten einzuwirken und ihnen die Fähigkeit zu nehmen suchen, im Sinne des klassisch-liberalen Parlamentarismus noch selbständig politische Entscheidungen zu treffen [126]. Das Parlament

---

[124] Charakteristisch hierfür z. B. der Satz in dem „Kommunistischen Manifest", „daß der erste Schritt in der Arbeiterrevolution die Erhebung des Proletariats zur herrschenden Klasse, die Erkämpfung der Demokratie ist".

[125] Zu dieser Tendenz der Demokratie gegen den qualifizierenden Liberalismus auch Ruggiero, Geschichte des Liberalismus, etwa S. 70, 362, 365.

[126] Näher etwa Triepel, Die Staatsverfassung und die politischen Parteien, 1928; Leibholz, Das Wesen der Repräsentation, S. 98ff., 118f., und Veröffentlichungen der Vereinigung deutscher Staatsrechtslehrer, H. 7, S. 171f. mit den in diesen Schriften enthaltenen Literaturnachweisen; dort auch näher gegen die nicht seltene Auffassung (neuestens z. B. auch E. Kaufmann, Zur Problematik des Volkswillens, 1931, S. 12) von dem angeblich repräsentativen Charakter von Aktivbürgerschaft und politischer Partei.

ist auf diese Weise aus einer ursprünglich repräsentativen Körperschaft zu einem plebiszitären Hilfsorgan oder, wie man auch gesagt hat, zu einer „plebiszitären Zwischenschaltung" geworden[127].

Entsprechend dieser Entwicklung haben sich vor allem auch die strukturellen Grundlagen des Wahlrechts völlig verändert[128]. Dem klassisch-liberalen Repräsentativsystem entspricht nach der dem Liberalismus eigenen, aristokratischen Grundauffassung, daß wesentlich Verschiedenes auch verschieden behandelt werden muß, ein Wahlrecht, das technisch die größtmögliche Gewähr für die Wahl tatsächlich nur staatsmännisch begabter, integrierend wirkender Persönlichkeiten bietet. In dieser Richtung liegt z. B. ein die Wahlberechtigung etwa zensus-, alters- oder bildungsmäßig differenzierendes und beschränkendes Wahlrecht wie weiterhin ein Wahlsystem wie das Mehrheitswahlsystem, das das Volk in die Lage versetzt, in freier, schöpferischer und lebendiger Willensbildung von den Parteien unabhängige, politische Persönlichkeiten herauszustellen, und das im Rahmen des klassischen, repräsentativen Parlamentarismus den Abgeordneten ihre repräsentative Legitimität zu vermitteln vermag. Demgegenüber hat die fortschreitende Demokratisierung in allen demokratisch regierten Staaten zu einem ständig sich weiter radikalisierenden, allgemeinen und gleichen Wahlrecht geführt, mit dem die früheren liberalen Wahlrechtsbeschränkungen nicht vereinbar sind[129]. Diese Formalisierung der Wahlrechtsgleichheit hat sich insbesondere noch dadurch verschärft, daß nach dem Proporz jede Stimme nicht nur grundsätzlich wie beim Mehrheitswahlsystem gleichen Zählwert, sondern auch gleichen Nutz- und Erfolgswert hat. Darüber hinaus wirkt das demokratische Ver-

---

Außerdem noch Adler, Zeitschrift für Politik, Bd. 22, S. 166 ff., 176 f. mit dem in Anlehnung an Hartmann, Die politische Partei in der tschechoslowakischen Republik, 1931, erfolgten Hinweis, daß insbesondere der Fraktionszwang die Herrschaft des Parteienstaates noch verschärft hat (179).

[127] Zum Beispiel Heckel, Archiv für öffentliches Recht, N. F. Bd. 22 (1932), S. 291f., 316; C. Schmitt, Legalität a. a. O. S. 65, 92; mein zitiertes Referat a. a. O.

[128] Dazu näher mein erwähntes Referat in VdStLehrer, H. 7, S. 162ff., 169f.

[129] Zu dieser Entwicklung, insbesondere zu der weitgehenden Verdrängung der Mehrheitswahl durch die Verhältniswahl Braunias, Das parlamentarische Wahlrecht, Bd. I (1932).

hältniswahlsystem überhaupt nicht mehr repräsentationsbegründend. Es erfüllt im wesentlichen nur noch statistisch-registrierende Funktionen und führt nicht mehr zur Überwindung der im Volk vorhandenen Gegensätze, sondern lediglich zur Offenbarung ihrer zahlenmäßigen Stärke. Der beim Mehrheitswahlsystem repräsentationsbegründend wirkende Wahlakt wird unter dem Proporz zu einer zum Teil rechnungsmäßig bereits vorher festlegbaren, statistischen Erhebung und ist darüber hinaus zugleich ein plebiszitärer Akt, der die nicht in Parteien organisierte Aktivbürgerschaft zwingt, im Sinne des Parteienstaates sich zugunsten einer der politischen Parteien zu entscheiden [130].

Entsprechend diesem Strukturwandel von Demokratie, Parlament und Wahlrecht hat sich auch der Typus des politischen Führers in der parteienstaatlichen Massendemokratie grundlegend verändert. In den demokratischen ebenso wie den absolutistischen Parteien ist nämlich an die Stelle der freien repräsentativen Persönlichkeit des 19. Jahrhunderts, die — wie etwa zur Zeit der Frankfurter Intellektuellenversammlung — einen Teil der geistigen Aristokratie der Nation darstellte, der Exponent des in den Parteien neben dem Partikularinteresse nach Ausdruck ringenden Allgemeinwillens getreten [131].

Weiter ergibt sich aus der Einsicht, daß der Wahlakt beim Verhältniswahlsystem ein plebiszitärer und zwar beliebig wiederholbarer Akt und das Parlament eine plebiszitäre Zwischeninstanz geworden ist, daß in der parteienstaatlichen Massendemokratie als dem Surrogat der unmittelbaren Demokratie im Flächenstaat sehr im Gegensatz zur aristokratisch-repräsentativen Demokratie für besondere plebiszitäre Äußerungen außerhalb des Wahlaktes — etwa auf Grund eines Volksentscheids oder Volksbegehrens — keine innere sachliche Berechtigung mehr ist [132].

Endlich folgt aus dieser Analyse, daß im Verhältnis zwischen Parlament als dem Sprachrohr des organisierten Volkes und Volk

---

[130] Hierzu etwa mein zitiertes Referat a. a. O. S. 170f. mit weiteren Nachweisen; ferner etwa noch Pfister, Die Rettung des parlamentarischen Systems, 1932, S. 21f. und Kirchheimer, Die staatsrechtlichen Probleme der Reichstagsauflösung in Die Gesellschaft, 1932, S. 131.
[131] Näher VdStLehrer S. 179ff.
[132] Näher VdStLehrer S. 173f.

im Sinne von Aktivbürgerschaft dem Volk bei seinen politischen Entscheidungen der qualitativ unbedingte Vorrang gegenüber den parlamentarischen Äußerungen zukommt[133]. Dieser Demokratisierungsprozeß hat sogar das Grundrechtssystem der Weimarer Reichsverfassung umgeformt, das, wie gezeigt ist, aus diesem Grunde nicht mehr im traditionellen Sinne des klassischen Liberalismus rein individualistisch, sondern im Sinne von „Ordnungsprinzipien eines demokratischen Volksstaates" ausgelegt werden muß[134].

IV.

Jedes politische und wirtschaftliche System hat nun, wenn es nicht mehr reibungslos funktioniert, d. h. die im Außerrechtlichen verhafteten Strukturelemente nicht mehr kompensierend wirken, die Tendenz, das entgegengesetzte System aus sich heraus zu treiben[135]. So ist z. B. das völlig freie Wirtschaftssystem des Liberalismus in der Form des Hochkapitalismus zur Quelle der wirtschaftlichen Unfreiheit geworden, die etwa heute in den zahlreichen Berufs- und Interessenverbänden ihren rechtlich organisierten Ausdruck gefunden und die bisherige individualistische Struktur der kapitalistischen Gesellschaftsordnung kollektivistisch

---

[133] Zu der hier nicht näher zu erörternden Frage des Rangverhältnisses zwischen Volk und Parlament, insbesondere zwischen einem volks- und parlamentsbeschlossenen Gesetz etwa Jacobi, Reichsverfassungsänderung in Festschrift für das Reichsgericht I (1929), S. 243 ff., 254 f.; Heyen, Das höchste Reichsorgan, 1930; Thoma im Handbuch für das deutsche Staatsrecht, Bd. II (1931), S. 114 f.; Jellinek ebenda S. 184 f. Auch für die Entscheidung der Frage, ob ein Parlament mit der Begründung aufgelöst werden darf, daß es in seiner gegenwärtigen Zusammensetzung nicht mehr dem Willen der Wählerschaft entspricht, ist die heute völlig veränderte Stellung des Parlamentes insofern von maßgeblichem Einfluß, als eine plebiszitäre Körperschaft sehr im Gegensatz zu einem repräsentativen Parlament grundsätzlich mit dieser Begründung aufgelöst werden kann, da ein solches Parlament nur der willensmäßige Ausdruck der Aktivbürgerschaft sein soll. Über die Konsequenzen, die sich aus der veränderten Struktur des Parlamentes für das Diktaturrecht ergeben, schließlich noch Heckel a. a. O. S. 291 f.

[134] Insbesondere Huber, Archiv für öffentliches Recht, N. F. Bd. 23, S. 1 ff., 79 ff., 83 f., der allerdings in eigentümlicher Sinnverkehrung den Bedeutungsgehalt der Grundrechte im konservativ-autoritären Sinn abwandelt.

[135] Besonders eindrücklich in diesem Sinne jüngst vor allem Schindler a. a. O. insbesondere S. 71 ff.; vgl. aber auch z. B. S. 59, 82, 86 f.

abgewandelt hat. Diese dialektische Umformung der Freiheit ist so weit gediehen, daß ihr Maximum heute dort am besten gewährleistet zu sein scheint, wo im Sinne „einer Synthese der beiden extremen Möglichkeiten" (völlige rechtliche Freiheit — völlig rechtliche Unfreiheit) „der Ausgleich der unvermeidbaren polaren Spannungen relativ am besten gelungen ist"[136], also etwa dort, wo die durch die wirtschaftliche Freiheit geschaffene Unfreiheit durch mehr oder weniger radikale Eingriffe in die individuelle Freiheitssphäre zugunsten der Freiheit kompensiert wird. Dieses Gesetz der Polarität des Sozialen, das auch schon von Plato geschildert wird, wenn er aus der ochlokratisch entarteten Demokratie die Tyrannis herauswachsen läßt, gilt ebenso wie für die Monarchie auch für die auf Ausgleich gerichtete, parlamentarische Demokratie und die Diktatur. Und es ist nur ein Anwendungsfall dieses Gesetzes, dieses „Dranges nach dem ungelebten Leben" (Spranger), wenn die der Weimarer Verfassung gegenüber oppositionell eingestellten, großen Bewegungen und Parteien von dem Staate des 20. Jahrhunderts ein Bild haben, das dem des 19. Jahrhunderts völlig entgegengesetzt ist, und in dem daher auch ganz andere Strukturelemente zu politischer und rechtlicher Geltung kommen sollen[137].

Vor allem hat das Bewußtsein von dem Verlust der stets stillschweigend vorausgesetzten, metaphysischen Grundlagen der parlamentarisch-liberalen Demokratie in den verschiedenen Ländern zu einer Wiederbelebung der politischen Metaphysik und einer Erneuerung der Politik aus dem Glauben geführt. Und zwar findet dieses Streben nach einem Eingebettetsein in einem neuen Absoluten und Objektiven nicht nur in politischen Parteien und Bewegungen[138], sondern auch in den die Parteien überschneidenden Querverbindungen seinen Niederschlag wie etwa in der positiven Bewertung des bündischen Prinzips als einer neuen Form schicksalhaften,

---

[136] Schindler a. a. O. S. 151.
[137] Über die entsprechende Entstehung des parlamentarisch-liberalen und zugleich demokratischen Staatsbildes oben S. 21f.
[138] Zum Nationalsozialismus in diesem Sinne etwa Bernhard in Die Krise, 1932, S. 209f.; Klaasen, Deutsches Volkstum, Bd. 14 (1932), S. 481ff.; Jessen, Wörterbuch der Volkswirtschaft, 1932, III, S. 342f.; insbesondere aber Krieck, Nationalpolitische Erziehung ², 1932, vor allem S. 33ff.

bodenständigen Gemeinschaftslebens, der freiwilligen Arbeitsdienst- und Siedlungsbewegung. Diese neue politische Glaubensbewegung, in deren Zeichen man nicht nur bei uns die Welt heute neu formen will, orientiert sich in erster Linie, wenn man in diesem Zusammenhang von dem proletarischen Mythus und dem revolutionären Glauben an Klassenkampf und Generalstreik in dem etwa von Proudhon, Bakunin und Sorel entwickelten Sinne absieht[139], an den Gemeinschaftsphänomenen Staat und Nation. In diesem Sinne spricht man z. B. in Italien heute in stereotyper Weise von einem neuen „sentimento dello stato" (Pannunzio) als Ausdruck einer neuen „religione dello stato"[140]. Dieser religionsähnliche, sich in immer wiederkehrenden Bezugnahmen auf das Organische äußernde Mythus[141], für den die Urkraft des Rhythmus und des Symbols eine gesteigerte Bedeutung hat, und der durch seine neue Substanz für das religiöse Dogma insbesondere der evangelischen Kirche nicht ohne Gefahr ist[142], findet bei uns seinen vielleicht sinnfälligsten Ausdruck in dem neuen Reichsgedanken, durch den ewiges und irdisches, religiöses und staatliches Leben zu einer einzigen, das christliche Europa womöglich umfassenden Totalität zusammengeschlossen werden soll und die bestehenden Gegensätze im Sinne einer comcidentia oppositorum in einer höheren, umfassenden Einheit aufgehoben werden sollen[143].

---

[139] Hierzu etwa C. Schmitt, Parlamentarismus, a. a. O. S. 78 ff.; dazu aber auch die Vorbehalte von Tönnies, Schmollers Jahrbuch, Bd. 52, 1. Halbbd., S. 194f.

[140] Hierzu aus der jüngsten faschistischen Literatur etwa Bortolotto, La Stato fascista e la nazione, 1931.

[141] Typisch etwa Krieck, Nationalpolitische Erziehung, S. 38 u. S. 9: „Dem dritten Reich ist zugeordnet das organische Weltbild, der organische Staat, die organische Wirtschafts- und Gesellschaftsordnung, die das Gesetz des Ganzen über das Gesetz des Teiles und Gliedes errichten, zugleich aber die Eigengesetzlichkeit des Gliedes in seiner Teilhabe am Ganzen anerkennen und zur Entfaltung kommen lassen."

[142] Denn über das religiöse Dogma wacht hier im Gegensatz etwa zur katholischen Kirche letzthin nur das Gewissen. Daher haben die Synodalwahlen in der Gegenwart für den Bestand der evangelischen Kirche erhöhte, grundsätzliche Bedeutung. Vgl. in diesem Zusammenhang schon die interessanten Bemerkungen Cromwells zur Zeit der englischen Revolution bei Lindsay, The Essentials of Democracy, S. 18f.

[143] Vgl. vor allem die Schriften von Moeller van den Bruck; insbesondere Das ewige Reich 1932. Am radikalsten dieser mythische Reichs-

Durch die neue politisch-religiöse, fast orthodoxe Gläubigkeit erhält auch die nationalsozialistische Bewegung ihren eigentlichen An- und Auftrieb und ihren trotz aller Legalität geistig revolutionären, dynamisch-irrationalen Charakter. Aus ihr leitet z. B. diese Bewegung, über deren Bestand allein die innere Echtheit und Intensität dieses neuen Glaubensgehaltes entscheidet, ihre Intention und ihren Willen zu einer neuen Säkularität her. Man will auf Grund eines neuen Bildungsgutes und eines neuen Bildungsverfahrens[144] einen Gesinnungswandel in der jungen Generation[145] und hierdurch eine neue Ordnung der Verhältnisse herbeiführen. Deshalb will man z. B. auch ähnlich, wie dies im Faschismus der Fall ist, einen neuen, zum Opfer für seinen Glauben und seine Mission bereiten Menschen herausstellen, der auf die Sekurität des status quo verzichten und an dessen Stelle wieder den Geist des persönlichen Risikos setzen soll. Man erstrebt einen neuen, asketischen Lebensstil, der nicht mehr beschaulich, sondern aktivistisch und heroisch sein soll[145a]. Die in diesem Sinne „Rechtgläubigen" werden zu ordensähnlichen, die ganze Persönlichkeit erfassenden Organisationen zusammengeschlossen[146]. Darüber hinaus hat man in der „Action française" und im Faschismus unter Verachtung der Legalität geradezu eine Theorie der unmittelbaren Gewaltanwendung und der direkten Aktion entwickelt und offen die „schöpferische und deshalb moralische" Gewalt verherrlicht[147].

---

gedanke etwa bei Hielscher, Das Reich, 1931. Vgl. ferner etwa Schramm, Radikale Politik, 1932, S. 70 ff., 100 f. und die neukonservative Literatur, insbesondere die Schriften von Stapel und das von Stapel und Günther herausgegebene „Deutsche Volkstum".

[144] Hierzu vor allem Krieck a. a. O. insbesondere S. 132 ff.

[145] Man spricht deshalb von einer Sendung der jungen Generation; vgl. etwa Gründel, Die Sendung der jungen Generation, 1932.

[145a] „Der Heroismus erhebt sich leidenschaftlich als kommender Gestalter und Führer politischer Schicksale"; so z. B. der Reichskanzler in der Regierungserklärung vom 23. März 1933.

[146] Zum Aufbau dieser sogenannten absolutistischen Integrationsparteien Neumann, Die politischen Parteien, 1932, S. 110 f.

[147] Insbesondere Sorel, Réflexions sur la violence, 1925, S. 71 ff., 167 ff., 269 ff. Zu diesen irrationalistischen Theorien unmittelbarer Gewaltanwendung etwa C. Schmitt, Parlamentarismus a. a. O. S. 77 ff., und zu der Auswirkung dieser Theorien im Faschismus noch Leibholz, Zu den Problemen des faschistischen Verfassungsrechts, S. 10 u. 46 (mit näheren Nachweisen Anm. 24).

Der bonapartistische Satz: „Sortir de la légalité pour rentrer dans le droit" ist bis zur Machtergreifung ein geradezu für den Faschismus charakteristisches Wort gewesen. Fast selbstverständlich ist hiernach die betont unbürgerliche Haltung auch des Nationalsozialismus und Faschismus, die sich soziologisch in ihren Anfängen neben dem Bauerntum überwiegend aus den Schichten des früheren Bürgertums, insbesondere des Mittelstandes, rekrutiert haben, und die ebenso wie der Marxismus dadurch, daß sie den „bourgeois", den „degenerierten, feigen, weinerlichen" Egoisten und verweichlichten, unlebendigen und berechneten Bürger mit dem Bürger schlechthin identifiziert haben, ein unwirkliches Zerrbild vom „Bürger" entworfen haben[148].

Diese neue politische Metaphysik, die die Quelle aller politischen Urteile oder, wie man rationalistisch sagen würde, aller politischen Vorurteile ist, schließt eine Diskussion über die Grundlagen dieser säkularisiert-religiösen Bewegungen aus. Argumente, wie z. B. der Hinweis, daß ein bestimmter status quo selbst in seiner krisenhaft zugespitzten Form relativ vielleicht noch erträglicher ist wie ein möglicherweise in Zukunft zu erwartendes Chaos, überzeugen nicht mehr. Deshalb sind Diskussionen politischer Gegner heute meist auch so hoffnungslos, weil eine gemeinsame Diskussionsgrundlage nicht vorhanden ist und die einzelnen Redner von ihrem Standpunkte aus auch ihre konkrete Metaphysik gar nicht zum Gegenstand einer rationalen Diskussion machen können und wollen. Deshalb haben die politischen Kämpfe auch ein vielfach so blutiges, geradezu an die konfessionellen Zeitalter und die Religionskriege erinnerndes Gepräge erhalten und sind die glaubensmäßig unterbauten Bewegungen grundsätzlich radikal und koalitionsfeindlich, weil jede Koalition Kompromiß und jeder Kompromiß die glaubensmäßig begründete Absolutheit und Unbedingtheit einer solchen Bewegung gefährdet.

---

[148] Zur Unterscheidung von Bürger und Bourgeois Heller, Neue Rundschau, Bd. 43 (1932), S. 721ff.; Smend, Bürger und Bourgeois im deutschen Staatsrecht, 1933; M. G. Boehm, Der Bürger im Kreuzfeuer, 1933, mit betonter und, wie mir scheint, berechtigter Wendung gegen das Buch von Ernst Jünger, „Der Arbeiter. Herrschaft und Gestalt", 1932, nach dem der „Bürger" nur den egoistischen Bourgeois und Ausbeuter verkörpert und daher als neuer heldischer Typus diesem der „Arbeiter" gegenübergestellt werden muß.

Gefährdet wird aber eine solche politische Glaubensbewegung auch durch die insbesondere deutscher Gewohnheit entsprechende Tendenz zur politischen Konfessionalisierung (Dingräve[149]), d. h. durch die Tendenz, sich nach Möglichkeit in einem Programm oder zu Propagandazwecken gegenüber konkreten, politischen und wirtschaftlichen Fragen festzulegen, ohne daß ein innerer zwangsläufiger Zusammenhang mit den wenigen politischen Fragen besteht, die die konkrete Metaphysik solcher Bewegungen bestimmen. Der Faschismus hat z. B. in diesem Sinne im Gegensatz zum Nationalsozialismus von vornherein auf die Aufstellung eines Programmes wie überhaupt jeder dogmatischen Festlegung verzichtet, um seine konkreten, stets nur taktisch verstandenen Zielsetzungen jeweils den veränderten Verhältnissen anpassen zu können und so von vornherein einer intellektuellen Erstarrung zu begegnen — sehr im Gegensatz etwa zur Action française, die trotz ihres irrationalen Grundcharakters durch Maurras rational gebunden ist, und vor allem zum Marxismus, der über eine fest geschlossene Lehre, ein festliegendes Dogma verfügt. Noch bedenklicher ist aber die mit dem heute üblichen Ächtungsprozeß der Vernunft, des Intellekts und des Verstandes häufig verbundene Irrationalisierung rein rationaler, eigengesetzlicher Vorgänge, die die existentiellen Grundlagen des neuen, politisch-gläubigen Denkens und Handelns, den „Beginn der Endlichkeit[150]", gefährden. Würde z. B. ernsthaft der Versuch unternommen werden, die rationalen Abläufe der Wirtschaft zu irrationalisieren, so würde ein solcher Bruch letzthin mit Sicherheit zu einem ökonomischen und politischen Chaos führen, das tatsächlich das Ende europäischer Gesittung und Kultur bedeuten würde. Es ist in diesem Zusammenhang jedenfalls bemerkenswert, daß in Rußland, wo die rationale Gesetzmäßigkeit des Produktionsprozesses stets mit Nachdruck betont worden ist, man es trotz der radikalen Mechanisierung und Materialisierung des gesamten Lebens und der universal-atheistischen Grundhaltung verstanden hat, einen intensiven, mythisch-orthodoxen Massenglauben und Diesseitsaktivismus zu erzeugen, der seinen eigenen Kultus und Ritus hat und letzthin auch nur eine Art Religionsersatz und verkappter Kirche und damit

---

[149] Wohin treibt Deutschland? 1932, S. 35 ff.
[150] Dingräve a. a. O. S. 51 ff.

die Ausdrucksform einer neuen politischen, wenn auch asiatischen Metaphysik ist[151].

Der neue Glaube und Gesinnungswandel soll nun vor allem zu einem neuen Autoritätsbewußtsein und einer Neufundierung des Prinzipes der Autorität führen[152]. Dieses Prinzip der Autorität selbst ist nicht etwas an und für sich Seiendes, etwas für sich allein zu Denkendes, etwas Autonomes, sondern setzt seinerseits voraus, daß der Person oder Instanz, die Autorität für sich beansprucht, diese vermittelt wird. Diese Vermittlung der Autorität kann transzendent — durch Bezugnahme etwa auf eine religiöse Macht — oder immanent erfolgen. Transzendent unter Berufung auf Gott oder Gott Vater ist z. B. früher die Autorität des Monarchen begründet worden und wird etwa noch heute die Autorität des Papstes in der katholischen Kirche begründet. Ebenso versuchen insbesondere viele jüngere evangelische Theologen[153], aber nicht nur diese, heute die Autorität im Staat aus dem Religiös-Absoluten, aus der übernatürlichen Offenbarung des christlichen Glaubens heraus transzendent neu zu legitimieren. Politisch die Regel ist allerdings heute nach der Säkularisierung der religiösen Werte die immanent begründete Autorität. Hier wird die Autorität nicht übernatürlich vermittelt, sondern natürlich durch Bewährung, Begnadung, Leistung erworben. Diese durch persönlichen Einsatz erworbene, „naturgegebene" Autorität ist zugleich die Grundlage für die durch das Recht vermittelte Autorität. Denn das Recht vermittelt einer Ordnung und bestimmten Ämtern Autorität nur, weil ohne Anerkennung dieses Naturprinzips eine Gemeinschaft

---

[151] Insoweit bedarf die Äußerung von C. Schmitt, Parlamentarismus, S. 86 von der zukünftigen Mythenlosigkeit des Proletariats, wie Prinz, Zeitschrift für Politik, Bd. 22, S. 139 richtig hervorhebt, der Korrektur; vgl. auch Tönnies, Schmollers Jahrbuch, Bd. 51, Erster Halbband, S. 196. Zu den ins Diesseits gezwungenen, religiös-kirchlichen Tendenzen im heutigen Bolschewismus vor allem v. Schramm, Radikale Politik, S. 23f.

[152] Gogarten, Wider die Ächtung der Autorität, 1930; Zehrer in Die Tat, Bd. 24, S. 353f.

[153] Außer auf die bekannten Schriften der dialektischen Theologie sei hier auf die von Gerber, Die Idee des Staates in der neueren evangelischen Theologie, 1930 erwähnten theologischen Arbeiten verwiesen.

nicht existenzfähig ist. Insofern ist die Unterscheidung zwischen einer sogenannten tatsächlichen und rechtlichen Autorität nur von relativer Bedeutung, da die rechtliche Autorität letzthin nur der Ausdruck der tatsächlichen, d. h. natürlich begründeten Autorität ist.

Wird die Autorität in dieser Weise transzendent oder immanent legitimiert und als solche eventuell auch rechtsatzmäßig unterbaut, so „hat" man Autorität. Aber hinzukommen muß, daß derjenige, der in dieser Weise Autorität über andere „hat", auch von diesen anderen als Autorität anerkannt wird. Die Gemeinschaft muß an die betreffende Autorität als ein das ichbezogene Bewußtsein bindendes, überindividuelles Prinzip glauben, d. h. die Instanz, die Autorität beansprucht, zum mindesten tolerieren, um sie hierdurch zu sanktionieren. Ein einheitliches Bewußtsein muß Führer und Geführte, muß denjenigen, der Autorität „hat", und diejenigen, die von der Autorität konkret richtungsbetroffen sind, zusammenschließen. Insbesondere in einem Zeitalter, das durch die Emanzipation der Massen gekennzeichnet wird, und in dem ganz allgemein an die Stelle des „göttlichen Rechts des Monarchen die überwältigende Majestät des Volkes" getreten ist[154], ist politische Autorität, die nicht in der Luft schweben soll, ohne solchen näheren Kontakt zum Volke, ohne tiefere Volksverbundenheit nicht möglich[155]. Aus diesen Gründen betrachtet sich z. B. auch der Faschismus nicht zufällig — im gewissen, allerdings nur äußerlichen Sinne ähnlich wie früher der Bonapartismus — als „fondato sulle masse, vicino alle masse", als „poggiato su una larga base popolare", strebt er ebenso wie im übrigen auch der Bolschewismus dahin, sich durch Plebiszite, deren Echtheit allerdings völlig unüberprüfbar ist, demokratisch bestätigen zu lassen und bezeichnet er sich mit besonderer Betonung, wenn auch nicht im technischen Sinne, als „democrazia accentrata,

---

[154] Ausdruck von Bryce, Moderne Demokratien I, S. 154.
[155] In diesem Sinne auch etwa Zehrer, Umbau des Staates in Die Tat, Bd. 24, S. 446; C. Schmitt, Legalität a. a. O. S. 93f.; Grabowsky, Zeitschrift für Politik, Bd. 22, S. 578f.; Ebers, Autorität und Freiheit, 1932, S. 12f.; Hitler in der Regierungserklärung vom 23. März 1933, nach der die neue Verfassung „den Willen des Volkes mit der Autorität einer wirklichen Führung" verbinden soll.

organizzata, autoritaria[156]", als „Stato popolare e Stato democratico popolare per eccellenza[156a]".

Selbst wenn es daher etwa gelingen sollte, die Autorität im Reich im Sinne des göttlichen Universalismus der heiligen christlichen Kirche neu zu beleben[157], so würde eine solche Autorität heute stärker denn je der plebiszitären Unterbauung bedürfen, ohne daß dabei gerade an einen bestimmten, plebiszitären Kreationsmodus, etwa den der Wahlen, gedacht zu werden braucht[158]. Der Sinn des Satzes z. B., daß der Reichspräsident „kein über dem Volkswillen erhabener Autokrat, sondern ein volksgewähltes, durch Volksabstimmung absetzbares Staatsoberhaupt[159]" ist, ist hiernach nicht der, daß dem Reichspräsidenten erst durch die Wahlen Autorität vermittelt wird, sondern daß die durch die Persönlichkeit des

---

[156] Die näheren Nachweise in meinen Problemen des faschistischen Verfassungsrechts, 1928, S. 61, Anm. 111 u. 112. Zuletzt Mussolini im zweiten Teil des Art. Faschismus der Enciclopedia Italiana (auch abgedruckt in Lo Stato, Bd. III (1932), S. 661, 666) und Bortolotto, Faschismus und Nation, 1932, S. 70. Die Polemik des Faschismus richtet sich in erster Linie gegen die liberal-parlamentarische Demokratie, die allerdings auch hier sehr häufig mit der Demokratie schlechthin identifiziert wird; dazu oben S. 21 f.

[156a] Gentile, Origini e Dottrina del Fascismo, 1929, S. 48.

[157] Was positivrechtlich jedenfalls nicht im Rahmen der weltanschaulich neutralen Weimarer Reichsverfassung und des im Art. 146 Abs. 2 S. 3 vorgesehenen Reichsgesetzes möglich ist und zwar auch nicht auf dem Umwege über das Elternrecht. Denn dieses Recht kann nicht nur von den Kirchen, sondern auch von anderen nichtchristlichen Organisationen machtmäßig in Anspruch genommen werden. Der Keudellsche Schulgesetzentwurf hatte daher auch die Möglichkeit einer Aufteilung des staatlich-nationalen Bildungswesens an — ihrer inneren Struktur nach — ganz verschiedenartige Verbände nicht ausgeschlossen. Aus diesem Grunde hatte z. B. auch Rothenbücher auf dem 1930 in Wiesbaden abgehaltenen, pädagogischen Kongreß in einem Vortrag über Aufgaben und Grenzen des Staates im Bereich des Bildungswesens im Rahmen der Weimarer Reichsverfassung gegen die Bekenntnisschule sich überhaupt ausgesprochen. Meines Erachtens nicht unbegründete Bedenken, in der heutigen Situation aus der religiösen Offenbarung eines transzendent Absoluten das politische Leben erneuern zu wollen, bei Köttgen, Blätter für deutsche Philosophie, Bd. V, S. 197 f., 215.

[158] Über die verschiedenen, möglichen Formen des Konsenses des Volkes siehe oben S. 12.

[159] Diese Wendung z. B. bei Anschütz, Reichskredite und Diktatur, 1932, S. 14; Heckel, Archiv für öffentliches Recht, N. F. Bd. 22, S. 273.

Reichspräsidenten an sich begründete Autorität durch die verfassungsmäßig anerkannten und vertrauen- und repräsentationsbegründenden Wahlen in die Lage versetzt wird, sich politisch entfalten zu können. Durch eine solche plebiszitäre Unterbauung wird das Prinzip der Autorität nicht mediatisiert[160], sondern in Wirklichkeit erst politisch funktions- und lebensfähig gemacht und gleichzeitig jede echte autoritäre Staatsführung davor bewahrt, sich zu einem Autoritarismus[161], d. h. einer Form autoritärer Staatsführung zu entwickeln, die sich dieser plebiszitären Anerkennung zu entziehen sucht. Denn man kann, wie man gelegentlich bemerkt hat, wohl mit den Bajonetten eine Weile mit Geschick hinwegvoltigieren, nur nicht — und am wenigsten in der Gegenwart — sich auf ihnen häuslich niederlassen.

Ein autoritär strukturierter Staat wird nun stets danach streben, die als Mängel empfundenen Lücken seiner Rechtsordnung zu beseitigen und das bestehende Recht, das an Autorität, herrschaftlicher Bindung und Disziplin wieder gewinnen soll, zu transformieren[162]. In einem autoritären Staat wird der Tatbestand der Herrschaft als ein auf freier, innerer und gemeinsamer Überzeugung beruhendes Über- und Unterordnungsverhältnis[163], werden die staatlichen Kategorien, wie z. B. Gehorsam, Treue, Befehl wieder ihren spezifisch-politischen Sinn erhalten. Gewiß, auch in der nicht autoritär-strukturierten, parlamentarisch-liberalen Demokratie hat es ebenso wie diese Kategorien auch Autorität gegeben, weil ohne diese ein staatliches Gemeinwesen überhaupt nicht begründbar ist[163a]. Aber sie sind hier nicht das Entscheidende. Sie liegen mehr an der Randsphäre und treten gegenüber den anderen, in diesen Gemeinwesen nach Verwirklichung strebenden, materialen Werten in den Hintergrund. Sie werden mehr als selbstverständliches Komplement der Frei-

---

[160] So z. B. Ziegler, Autoritärer oder totaler Staat, 1932, S. 26f. Ähnlich auch Herrfahrdt, Aufbau des deutschen Staates, 1932, S. 14.
[161] Ausdruck von A. Weber, Ende der Demokratie, S. 10f.
[162] Für das Strafrecht z. B. Dahm-Schaffstein, Liberalismus oder autoritäres Strafrecht, 1933.
[163] Näher Gerber, Freiheit und Bindung der Staatsgewalt, S. 14f.
[163a] Dazu auch Laski, Autority in the Modern State, 1919, Chapter One.

heit im Außerrechtlichen vorausgesetzt, als eigentlich bewußt durch das Recht in konkret-reale, politische Formen gegossen. Die politische Entscheidung erscheint z. B. gegenüber dem parlamentarischen Prinzip der Diskussion mehr als ein Annex des ewigen parlamentarischen Gesprächs als als Ausdruck echter, politischer Verantwortung. Demgegenüber besteht im autoritären Staat geradezu ein wesensmäßiges Bezugsverhältnis zwischen politischer Entschließungsfreiheit und echter, d. h. höchstpersönlicher Verantwortung[164]. So wie politische Verantwortung nur für ein Verhalten möglich ist, das in völliger Freiheit gesetzt wird, so hat umgekehrt die freie politische Entscheidung im autoritären Staat im Gegensatz etwa zur radikal-egalitären Demokratie, in der die politische Verantwortung nicht aktualisierbar ist, weil sie vom Volk als realpräsenter Einheit anonym getragen wird, die Übernahme der persönlichen Verantwortung für die politischen Entschließungen gegenüber der Gemeinschaft zur Voraussetzung — wenn auch nur in der Form der sogenannten Selbstverantwortung der freien politischen Persönlichkeit. Denn auch die Selbstverantwortung ist, wenn sie nicht egoistisch verfälscht, d. h. vom Ich her bestimmt wird, echte Verantwortung, weil sie Gebundenheit bedeutet durch das im eigenen Gewissen sich offenbarende Gesetz der Gemeinschaft, das einen „unangreifbaren Schatz von Unfreiheit[165]" voraussetzt, die sich aus dem „Für-den-Anderen-sein", dem „Voneinander-her-sein" ergibt[166].

In der Richtung des autoritär-konservativen Staates liegt endlich, daß das gesamte politische Leben wieder ein durch die gemeinsame Autorität gebundenes und differenziertes wird, daß es auf autoritären Zwang und Ungleichheit gestellt wird[167]. „La disuguaglianza irrimediabile e feconda e benefica degli uomini" (Mussolini)[167a], die in der Natur gelegenen, qualitativ-graduellen Unterschiede unter den

---

[164] Zu diesem politischen Prinzip Schüßler, Blätter für deutsche Philosophie, Bd. V (1931), S. 248 ff.

[165] Ein durch Gogarten, Politische Ethik, 1932, S. 183 f. belebtes Wort von Wilhelm Michel.

[166] Gogarten a. a. O. S. 184.

[167] Gogarten, Wider die Ächtung der Autorität, S. 23, 28; vgl. auch Bogner, Die Bildung der politischen Elite, 1932, S. 61 f.

[167a] La Dottrina del Fascismo, 1933, S. 14.

Menschen, die natürlichen Abhängigkeiten und Ordnungen vor allem in Familie und Beruf, die persönlichen Bindungen sollen unter Zurückdrängung des rein Quantitativ-Mechanischen wieder belebt werden. „Die bleibenden Ordnungen des natürlichen Seins, die in allem Wechsel der gesellschaftlichen Formen sich notwendig erhalten und durchsetzen", denen der Mensch sich gegenüber nur als „dienendes Glied der göttlichen Weltordnung" gläubig und ehrfürchtig verhalten kann, sollen erneuert werden[168]. An die Stelle des künstlich Gemachten soll das Organisch gewordene, an die Stelle des Abstrakt-Allgemeinen das Konkretindividuelle treten. Im Rahmen der naturgegebenen Bindungen bleibt hiernach im autoritären Staat noch Raum für die innere Entfaltung, äußere Freiheit und Selbstverantwortung des Individuums wie für die innere Gliederung in überindividuelle Lebensgemeinschaften und einen Aufbau im Sinne körperschaftlicher Selbstverwaltung[169]. Als Ausdruck einer solchen, nach Qualitäten abgestuften, gebundenen Ordnung des politischen Lebens erscheint als neues, politisches Strukturprinzip das pyramidalförmige Prinzip der Hierarchie[170], das die Gleichordnung durch die Über- und Unterordnung, die von unten nach oben konstruierte, liberalistische Demokratie durch den von oben nach unten konstruierten, autoritären Staat ersetzen will. Als Kreationsmodus tritt hier an die Stelle der Wahl und in direktem Gegensatz zu ihr die Ernennung, die die natürlich gewachsene

---

[168] v. Papen in Volk und Reich, Bd. 8 (1932), S. 585f. Vgl. auch Stapel, Die Fiktionen der Weimarer Reichsverfassung, 1928, S. 8ff.

[169] Zum Beispiel v. Papen a. a. O. S. 587: „Im Rahmen dieses obersten Gesetzes (nämlich daß die Interessen der Volksgemeinschaft den Vorrang haben) ist die freie Entwicklung der Persönlichkeit um so mehr zu fördern, je fester die für das Gemeinschaftsleben notwendigen Bindungen anerkannt und gesichert sind." Im gleichen Sinne v. Papen in einer von ihm am 11. Oktober 1932 vor dem Akademisch-politischen Klub in München gehaltenen Rede und Zehrer in Die Tat, Bd. 24, S. 435, Anm. 2: „Der autoritäre Staat aber wird gerade gegenüber der Diktatur durch das Entgegengesetzte gekennzeichnet, durch die Fülle der Macht, von der er sich entlasten und die er in Selbstverwaltung abgeben kann, ohne seine Macht damit zu gefährden."

[170] Hierzu etwa Weippert, Das Prinzip der Hierarchie, 1932, insbesondere S. 11f.; Bortolotto, Governanti e governati del nostro tempo, 1933, S. 111ff.; unter spezifisch rechtlichen Gesichtspunkten de Valles, Il concetto giuridico de Gerarchia, 1926.

Ordnung vor der künstlich gemachten Ordnung von Liberalismus und Demokratie sicherstellen und das Aufeinanderabgestimmtsein der Teile und damit die Einheit des politischen Wertgefüges garantieren soll.

Praktisch-politisch setzt ein so autoritär formierter Staat im Gegensatz zur unpersönlichen Gesetzesherrschaft eine starke, legitimierte und hierdurch „geheiligte" Obrigkeit, eine echte Regierung, d. h. eine das Volksganze repräsentierende und „führende" Instanz voraus, die in völliger Selbständigkeit und unter Einsatz der für ihr Tun voll verantwortlichen Persönlichkeiten die maßgeblichen Entscheidungen für das Volksganze zu treffen vermögen. In dieser Richtung hat sich schon in den letzten Jahren in einer ganzen Reihe von Ländern die Verfassungsentwicklung bewegt, die, wenn nicht zu einer Revolution und Verfassungsneuschöpfung, so doch jedenfalls zu einer Verfassungswandlung geführt hat. Entsprechend der sich dauernd verschärfenden Krise des parlamentarischen Repräsentativ- und Regierungssystems besteht heute so die fast allgemeine Tendenz, die leitende Exekutive auf Kosten der Legislative, die sich vielfach selbst ausgeschaltet hat, zu stärken[171]. Selbst in Frankreich, dem Lande des heute noch funktionierenden, repräsentativen Parlamentarismus hat man in diesem Sinn der heutigen Form der Demokratie die Alternative gestellt: „disparaître ou se perfectionner" „La restauration de l'autorité publique est pour la France contemporaine une question de vie ou de mort[172]".

---

[171] Ebenso Mirkine-Guetzévitch, Les nouvelles tendances du Droit Constitutionnel, 1931, insbesondere S. 195 ff. Ferner für die Tschechoslowakei etwa Peska, Revue du Droit public, 1930, S. 237 ff.; für Österreich auf Grund der Verfassungsreform von 1929 Scheuner, Zeitschrift für ausländisches öffentliches Recht und Völkerrecht, Bd. II (1930), S. 226 ff., 237 ff.; für Jugoslavien und die Verfassung v. 3. September 1931 Lubenoff ebenda Bd. III (1932), S. 133 ff.; für Chile und die interessante chilenische Verfassung von 1925 A. Alessandri, Parlementarisme et Régime présidentiel, 1930. Vgl. auch die Entwicklung in Polen und Litauen, das in der Verfassung vom 15. Mai 1928 ebenfalls die Stellung des Präsidenten gestärkt hat.

[172] Insbesondere Hubert, Le principe d'autorité dans l'organisation démocratique, 1926, z. B. S. 218. Ferner etwa Dendias, Le Renforcement des Pouvoirs du Chef de l'Etat dans la Démocratie parlementaire, z. B. S. 12, 37, 75 f., 99, 123 ff., der für eine parlamentarisch präsidentielle Republik eintritt, in der der Präsident im Rahmen des parlamentarischen Regierungssystems dem Parlament gleichgestellt werden soll. Für eine Stärkung des

Bei uns insbesondere haben die Ansätze zu einer autoritären Staatsführung in den letzten Jahren an das Amt des Reichspräsidenten, die ihm gefügige Wehrmacht und die Bürokratie angeknüpft. Diese Ansätze haben infolge des Versagens des Parlaments in verhältnismäßig kurzer Zeit auch ein großes Ausmaß erreichen können. Denn der Reichspräsident ist unter dem Zwang der Verhältnisse bei uns eine Zeitlang sogar zu einem praktisch dem Parlament überlegenen Gegenspieler geworden, dem die Aufgabe zugefallen war, in der Form der legalen Diktatur, in der Sache aber selbständig, die Funktionen des versagenden Parlaments als außerordentlicher Gesetzgeber auszuüben, um hierdurch zugleich die Sicherheit und Ordnung im Sinne des Artikel 48 der Reichsverfassung zu garantieren. Dieser veränderten Sachlage hat man auch literarisch Rechnung zu tragen gesucht, indem man etwa im Sinne der Vorschläge des Bundes zur Erneuerung des Deutschen Reiches eine auch rechtlich unterbaute Stärkung der Präsidialmacht gefordert hat[173] oder etwa den Reichspräsidenten als den schiedsrichterlichen Führer der Nation[174] oder, wie dies von C. Schmitt[175] in merkwürdiger Verquickung rechtspolitischer und gesetzesgebundener Auslegung geschehen ist, im Sinne der von Benjamin

---

Staatspräsidenten auch Redslob, Le régime parlementaire, 1924; Hauriou, Précis de Droit Constitutionnel², S. 361, 410; Mirkine-Guetzévitch a. a. O. S. 196; dagegen etwa nach dem Kriege insbesondere Duguit, Traité de Droit Constitutionnel, Bd. IV, 2. éd., S. 553, II, S. 662. Zu dieser Frage auch noch Bourgin, Cinquante Ans d'expérience démocratique, 1925, S. 209f. Endlich über die verschiedenen Formen der antiparlamentarischen Bewegung in Frankreich Hermens, Zeitschrift f. Politik, Bd. 22, S. 803ff.

[173] Vgl. die Rechte des deutschen Reichspräsidenten nach der Reichsverfassung herausgegeben vom Bund zur Erneuerung des deutschen Reiches 1929. Ferner etwa in dieser Richtung Schotte, Der neue Staat, 1932; Schiffer, Die neue Verfassung des deutschen Reiches, 1932, nach der der plebiszitär gewählte Reichspräsident der Träger der gesamten Staatsgewalt sein soll.

[174] Herrfahrdt, Die Kabinettsumbildung nach der Weimarer Reichsverfassung, 1927, etwa S. 57f.; Der Staat des 20. Jahrhunderts in Blätter für deutsche Philosophie, Bd. 5 (1931), S. 9ff.; Der Aufbau des neuen Staates S. 10f.

[175] Archiv des öffentlichen Rechts, N. F. Bd. 16, S. 161ff., insbesondere S. 213, 217f.; Der Hüter der Verfassung, S. 132ff.; Das Zeitalter der Neutralisierungen und Entpolitisierungen in Der Begriff des Politischen, 1932, S. 66ff.

Constant für den europäisch-liberalen Staat des 19. Jahrhunderts entwickelten Lehre vom pouvoir neutre als den überparteilichen, repräsentativen, neutralen und unabhängigen Hüter der Verfassung bezeichnet hat[176]. Diese Entwicklung ist allerdings insofern durch die jüngsten politischen Ereignisse überholt, als als Träger des autoritär sich neu formierenden Staates nicht mehr der Reichspräsident als der über den Parteien stehende, höhere neutrale Dritte als vielmehr die verschiedenen, von einem neuen Autoritätsbewußtsein getragenen, politischen Parteien und Bewegungen erscheinen. Diesen gegenüber ist, wie auch das jüngste Ermächtigungsgesetz zeigt, das präsidentielle Regime im Sinne des modernen Parteienstaates wieder völlig in den Hintergrund gertreten.

Im Gegensatz zu dieser Wesensart des autoritären Staates tendiert der totale Staat dahin, seine Herrschaftskompetenzen fortschreitend zu erweitern und nach Möglichkeit alle Lebensbereiche

---

[176] Vgl. auch Lohmann in Michael-Lohmann, Der Reichspräsident ist Obrigkeit, 1932, S. 50ff. Hiergegen schon Zehrer in Die Tat, Bd. 24, S. 443. Problematisch ist der Begriff des Hüters der Verfassung vor allem deshalb, weil nicht klar wird, worin eigentlich das Spezifische der Tätigkeit dieses Hüters der Verfassung bestehen soll. Bestehen dessen Funktionen darin, die Verfassung vor Verletzungen und Verfälschungen, die doch nur solche rechtlicher Art sein können, zu bewahren, so ist nicht einzusehen, warum der Reichspräsident als politische Instanz den rechtlichen Bestand der Verfassung besser garantieren können soll als der Staatsgerichtshof, dem von C. Schmitt nachdrücklichst attestiert wird, daß die Tätigkeit dieses Verfassungsgaranten bei Auslegung jeder nicht inhaltlich zweifelsfreien Verfassungsbestimmung in Wahrheit eine solche der Verfassungsgesetzgebung und Politik sein soll; hierzu schon oben S. 32 Anm. Ist dagegen bei dem Hüter der Verfassung an den Reichspräsidenten als eine politische Ausgleichs- und Vermittlungsinstanz gedacht, die in möglichster Objektivität und Neutralität mit politischen Mitteln, die tatsächlich in der Regel viel wirksamer sind als die des Rechts, der Befriedung des Ganzen zu dienen hat, so ist nur nicht einzusehen, warum eine solche politische Instanz gerade als „Hüter" und damit als rechtlicher Garant der Verfassung bezeichnet wird — ganz abgesehen davon, daß ein solcher politischer „Hüter" nach C. Schmitt gar nicht wirklich neutral und unabhängig sein kann, weil das Politische nach C. Schmitt keine eigene Substanz, keinen selbständigen Eigenwert hat, sondern seine Kraft aus bestimmten, religiösen, ökonomischen, moralischen und anderen Gegensätzen zieht und nur den „Intensitätsgrad einer bestimmten Assoziation" bezeichnet; vgl. C. Schmitt, Begriff des Politischen, S. 26. Kritisch zum Begriff des Hüters der Verfassung auch Kelsen in Die Justiz, Bd. VI, S. 618ff.

in die Sphäre des Staatlich-Politischen zu ziehen. Hier soll das Leben als Ganzheit radikal von dem Gesetz der Polis[177] beherrscht werden. Dieses nimmt das Individuum unbegrenzt für sich in Anspruch, erkennt eine Autonomie der geistigen Bereiche nicht an, schließt eine Gliederung der Individuen in überindividuelle Lebensgemeinschaften außerhalb des Staates aus und sucht die dem Staate feindliche Gesellschaft wieder durch eine möglichst restlose Politisierung in der höheren staatlichen Einheit aufzuheben. Die von Ernst Jünger geprägten, von C. Schmitt in die staatsrechtliche Literatur eingeführten Formeln des „totalen Staates" und der „totalen Mobilmachung" kennzeichnen diesen angestrebten, allgemeinen Politisierungsprozeß, der überall dort, wo er zur politischen Wirklichkeit geworden ist, ein radikaleres und zentralistischeres Gepräge als zu Zeiten der absoluten Monarchie und des Polizeistaates erhalten hat. In diesen totalen Staat, demgegenüber jeweils alle anderen politischen Parteien, die irgendwie noch personalistisch orientiert sind, als Liberale erscheinen, soll auch die Wirtschaft durch einen mehr oder weniger radikalen Etatisierungsprozeß einbezogen werden, sei es in der Form einer Kontrolle und planmäßigen Bindung des gegenwärtigen Wirtschaftssystems, sei es wie in Rußland in der Form einer vollständigen verwaltungsmäßigen Bürokratisierung und Verstaatlichung der Wirtschaft.

Ein solcher totaler Staat ist, wie z. B. auch der Faschismus von sich selber betont[178], ein mehr oder weniger kollektivistischer Staat. In Rußland hat diese intensive Bindung des Individuums geradezu zu einer Aufhebung der Individualität und der persönlichen Freiheit, die für ein „bürgerliches Vorurteil" erklärt wird, zu einer radikalen Typisierung und zu nur dem Mittelalter vergleichbaren, kollektiven Lebensverhältnissen geführt[179]. Dieser kollektive Staat ist zugleich ein nachindividualistischer Staat insofern, als nicht das Individuum, sondern die durch das Individuum emanzipierte Masse, die in Gestalt der Partei oder Klasse nicht die Mehrheit der Bevölkerung zu umfassen braucht, Träger des totalen Politisierungs-

---

[177] De Quervain, Das Gesetz des Staates, 1932, S. 14f.
[178] Zum Beispiel Mussolini in den Gesprächen mit E. Ludwig, 1932, S. 127 und La Dottrina del Fascismo, S. 4.
[179] Näher v. Schramm, Radikale Politik, S. 20ff.

prozesses ist. Er ist weiter Erbe und Testamentsvollstrecker des liberal-individualistischen Staates insofern, als er die ursprünglich durch Aufklärung und einen glaubenserfüllten Liberalismus konstituierten, metaphysischen Wertwelten der geistig autonomen Lebensbereiche dadurch endgültig vernichtet, daß er diese nach dem Vorbild des von ihm bekämpften, glaubenslos gewordenen Liberalismus im Sinne der jeweils herrschenden Staatsmetaphysik relativiert[180]. Insoweit ist der totale Staat nur die Fortsetzung des liberalen, den totalen Staat bereits im Keim enthaltenen, nationaldemokratischen Staats mit gestrichenen liberalen Vorzeichen[181], der nicht ein politisch wirklich neues Prinzip einführt — auch nicht das Prinzip der Autorität, da letzten Endes nach dem Grundprinzip des totalen Staates die plebiszitäre Unterbauung — in Wirklichkeit eine Voraussetzung der politischen Funktionsfähigkeit des Prinzips der Autorität — hier zur alleinigen Legitimitätsquelle der Autorität wird. Schließlich wird auch durch den totalen Staat das Prinzip der Hierarchie umgeformt. Denn über die Aufnahme in die neuen Rangordnungen entscheidet hier nicht so sehr die sachliche Leistung und Bewährung als in erster Linie die Rechtgläubigkeit. Daher ist auch für die in dieser Hierarchie tätige Elite ein stärkerer unmittelbarer Bezug zum Volke nachweisbar als im autoritären Staat[182].

Die Frage ist hiernach, ob das künftige Staatsbild autoritär unter grundsätzlicher Respektierung des freiheitlichen Erbgutes der letzten Jahrhunderte oder zugleich total in dem Sinne strukturiert sein wird, daß die autoritären Instanzen im wesentlichen dazu berufen sind, als Exponenten der diese tragenden Massen (Klasse, Partei,

---

[180] Über andere liberalistische Elemente im Faschismus und Bolschewismus Grabowsky, Politik, 1932, S. 83f.

[181] Ziegler a. a. O., z. B. S. 21, 34, 38. Ziegler hat auf Grund dieser Zusammenhänge zwischen nationaler Demokratie und totalem Staat eine tatsächliche Einheit „von nationaler Kollektivierung und Totalisierung der Herrschaft" schon für das 19. Jahrhundert behauptet, was aber weder für das vergangene Jahrhundert noch die letztverflossenen Jahrzehnte der geschichtlichen Wirklichkeit entspricht. Im Sinne des Textes offenbar auch Weippert z. B. S. 14, 160.

[182] Über die besondere Volks- und Massenverbundenheit der neu intendierten Aristokratie in der faschistischen Hierarchie etwa Bortolotto, Governati e Governanti del nostro tempo, S. 233ff., 238; über die bolschewistische Hierarchie v. Schramm, Radikale Politik, S. 14f.

Die Auflösung der liberalen Demokratie in Deutschland

Bewegung) den Staat in einem bestimmten, politischen Sinne radikal umzuformen[183]. Von der Entscheidung dieser Frage hängt letzten Endes das Schicksal des künftigen deutschen Menschen wie der überindividuellen Lebensgemeinschaften, des Föderalismus, der Selbstverwaltung ebenso wie der geistigen und religiösen Lebensbereiche, der künstlerischen und wissenschaftlichen Bildungsanstalten ebenso wie der protestantischen Kirche ab, die in einem wirklich totalen Staat zwangsläufig in einem bestimmten, politischen Sinne umgeformt werden muß. Je totaler das Gepräge des eigenen Staates, je mythischer und grenzenloser der Nationalismus ist[184], um so bedrohlicher gestaltet sich auch das Schicksal der deutschen Minderheiten im Ausland, weil das Minderheitenrecht seiner Provenienz nach auf die Ideen der französischen Revolution, auf die Aufklärung und den Liberalismus zurückverweist.

Die Entscheidung dieser heute noch offenen Fragen hängt jedenfalls nicht von einer organisatorischen Verfassungsumgestaltung, etwa einer Höherbewertung und Steigerung der Machtbefugnisse des Staatsoberhauptes wie der leitenden Exekutive, ab. Vielmehr maßgeblich ist, in welcher Form es gelingt, den heute noch unformierten Volkswillen zu antizipieren[185], d. h. die nach einem neuen metaphysischen Staatsbild drängenden, richtungsmäßig noch nicht festgelegten Kräfte, die dem Staate erst seinen geistig inneren Halt vermitteln und ihm seinen Bestand sichern, mit dem Staat zu versöhnen.

---

[183] Damit soll nicht gesagt sein, daß nicht ein totaler Staat möglicherweise auch im Sinne der unmittelbaren oder parteienstaatlichen Massendemokratie organisiert sein kann. Aber diese möglichen Formen des totalen Staates sind gegenwärtig nur theoretisch von Interesse und bleiben daher hier außer Betracht.

[184] Im Gegensatz zu diesen Versuchen interessant durch seine Gegenwartsnähe Köttgen, Nation und Staat in Blätter für deutsche Philosophie, Bd. V, S. 199 ff., nach dem der wiederum im Objektiv-Absoluten zu gründenden Idee des Nationalstaates „die genossenschaftliche Basierung des raum- und zeitgebundenen Staates im Gemeinschaftserleben des gemeinschaftsmäßig verbundenen Staatsvolkes" entspricht. Bemerkenswert auch der Versuch von Stavenhagen in Nation und Staat, Bd. V (1932), S. 666 ff., insbesondere S. 702 ff., der die zwangsläufigen Spannungen zwischen den der Idee nach stets total angelegten Forderungen des Nationalstaates und den diesen widersprechenden Forderungen der schutzbedürftigen nationalen Minderheiten in einem höheren pragmatischen Gemeinschaftsbegriff aufheben will

[185] Ähnlich Zehrer in Die Tat, Bd. 24, S. 359, 390.

Wenn auch eine sichere Prognose über die künftige politische Gestaltung der Dinge nicht gewagt werden kann, so lassen sich doch immerhin einzelne Triebkräfte herausstellen, die für die besondere deutsche Lage charakteristisch sind, und die dafür sprechen, daß hier jedenfalls eine radikale Kollektivierung des Individuums und eine Vermassung des Geistes nicht wahrscheinlich ist. Denn der auf die Dauer überhaupt nicht behebbare, letzten Endes auch schöpferisch wirkende Antagonismus von Gemeinschaft und Individuum ist nicht nur in der Natur, sondern vor allem tief in unserer Geschichte begründet. Die Freiheit, die sich durch das Maß ihrer Bindung hier von der klassischliberalen Ausprägung des Freiheitsgedankens unterscheidet, ist bei uns seit jeher im Sinne eines selbstverständlichen Protestes gegen jede einseitige, unumschränkte und ungerechte Herrschaft verstanden worden. Die germanische Freiheitsidee findet, wie O. v. Gierke vor allem bemerkt hat, ihren Ausdruck in dem „unerschöpflichen germanischen Assoziationsgeist, der allen engeren Gliederungen des Staates ein eigenes, selbständiges Leben zu wahren versteht und doch noch Kraft genug übrig behält, um für die allgemeinsten wie für die vereinzelsten Zwecke menschlichen Daseins aus den noch ungebundenen Elementen der Volkskraft lebensvolle, nicht von oben belebte, sondern von innen heraus tätige Genossenschaften in unübersehbarer Reichhaltigkeit zu erschaffen[186]". In dieser Richtung liegt es etwa, wenn heute junge Nationalisten die Übertragung des faschistischen Staatsbildes auf unsere Verhältnisse ablehnen, den Sinn der radikalen Politik in einer radikalen Synthese von Individualismus und Sozialismus erblicken und etwa ein Staatsbild entwerfen, in dem — sehr entgegen dem römischen Zentralismus — substanzhaft Freiheit und Selbstverantwortung, Föderalismus und Selbstverwaltung im Sinne einer räumlichen Neugliederung und eines neuen landschaftlichen Aufbaus belebt werden sollen[187]. „Der Deutsche wird niemals lange eine Situation ertragen, die den Staat oder die Nation als das

---

[186] So O. v. Gierke, Deutsches Genossenschaftsrecht, Bd. I (1868), S. 3 (Einleitung). Ferner Hölzle, Die Idee einer altgermanischen Freiheit vor Montesquieu, 1925 (Beiheft 5 der Historischen Zeitschrift).

[187] Zum Beispiel v. Schramm, Radikale Politik, S. 83; Grueneberg in Die Tat, Bd. 23, S. 690f., 802ff.; Zehrer ebenda Bd. 24 (1932), S. 453f., 459f. In der gleichen Richtung etwa auch Köttgen, Die Krise der kom-

selbständige, allein herrschende und souveräne Prinzip hinstellen will, dem alles andere unterworfen ist. Diese Situation entspricht romanischem Denken[188]."

Auch läßt sich die große individualistische Entwicklung der letzten Jahrhunderte, die im Gefolge der Renaissance das gesamte geistige und politische Leben revolutioniert hat, und von der, im Gegensatz etwa zu Rußland, bei uns auch die Massen affiziert sind, weder politisch noch kulturell auslöschen. Vor allem ist diese Freiheit, wenn sie nicht in einem liberal-radikalen, anarchischen Sinn mißverstanden wird, in Wirklichkeit eine gebundene Freiheit. Denn die Freiheit, die dem Individuum geliehen wird, vor allem auch auf kulturellem Gebiet, ist nicht um des Individuums, sondern der absolut materialen Werte willen da, zu deren Verwirklichung das Individuum berufen ist. Die Freiheit der Wissenschaft und Kunst gibt z. B. nicht dem einzelnen das Recht, wurzel- und verantwortungslos im Sinne eines relativistischen Nihilismus zu wirken, sondern setzt in Wirklichkeit umgekehrt ein allerdings mit dem Gesetz des Staates nicht identisches, autonomes Gesetz voraus, das Wissenschaft und Kunst — jede in ihrer Art — bindet[189]. In diesem Sinne fängt tatsächlich die Wissenschaft wie alle Bildung an „mit dem Gehorsam, mit der Unterordnung, mit der Zucht und mit der Dienstbarkeit" (Nietzsche). Entsprechend ist auch die Freiheit der individuellen Gewissensentscheidung, durch die das Individuum zugleich in die höchste Gemeinschaftsordnung, die „maximale Allgemeinheit" (Simmel), eingespannt wird, nur dann in Wahrheit eine wirklich sittliche, wenn sie dem auf diese Gemeinschaft bezogenen Gesetz entspricht[190]. Und so sehr dem unstaatlichen und bindungs- und glaubenslosen Individuum auch aus innerer Not-

---

munalen Selbstverwaltung, 1931, der die Gemeinde auch wieder „als genossenschaftliches Gebilde", als „raumbezogene Heimatgemeinschaft" geistig lebendig machen will. Skeptischer Forsthoff, Krise der Gemeindeverwaltung, z. B. S. 70.

[188] Zehrer in Die Tat, Bd. 24, S. 435; v. Schramm a. a. O. S. 84.
[189] Das die Wissenschaft bindende Gesetz der Wahrheit ist auch für Rein, Die politische Universität, 1933, ebenso selbstverständlich wie der Ausschluß einer parteipolitischen Durchorganisierung der Universität im Sinne der jeweiligen Machthaber; vgl. S. 21, 30. Ähnlich auch Krieck, Nationalpolitische Erziehung. S. 164f.
[190] Näher Leibholz, Die Gleichheit vor dem Gesetz, 1925, S. 20f.

wendigkeit heraus widersprochen werden muß, so müssen doch andererseits, wie es etwa heute mit Nachdruck die neuhumanistische Bewegung in ihren verschiedenen Ausdrucksformen verlangt[191], bildungsmäßig die gegebenen natürlichen Ordnungen und Satzungen des Lebens gestaltgläubig respektiert werden und darf nicht etwa die uneingeschränkte Selbstverantwortlichkeit des Individuums angetastet werden.

Und endlich und nicht zuletzt müssen der Entwicklung zu einem mythisch-totalen Staat auch vom Protestantismus aus als dem mächtigen religionsmetaphysischen Fundament des Freiheits- und Persönlichkeitsgedankens Vorbehalte von nicht unerheblichem Gewicht entgegengesetzt werden. Denn auch für den protestantischen Menschen ist die durch die Kraft Gottes religiös gebundene Freiheit der höchste Wert[192]. Daher ist nach evangelischer Staatsgesinnung auch der Staat nicht der alleinige „Ort der Heiligkeit". Denn der Staat kann entarten, wenn er die Nation heidnisch vergottet und als ein allein im Nationalen begründeter Staat „die Existenz der Nation schlechthin erst ermöglicht, ja womöglich überhaupt erst gibt[193]". Der protestantische Staat ist vielmehr der grenzbewußte Staat[194], der die Kirche ebenso begrenzt wie er selbst an der von Gott gestifteten, Gottes Wort lehrenden und verkündigenden Kirche seine Grenze findet, und der darüber hinaus auch die natürlich gegebenen Ordnungen wie vor allem den geschichtlich gebundenen Beruf und Stand, die Familie wie überhaupt alle organisch sich entfaltenden, geistigen und kultischen Kräfte respektiert. Denn auch in diesen offenbart sich das Reich Gottes[195]. „Nicht Schöpfung

---

[191] Vgl. etwa Spranger in Volk, Staat, Erziehung, 1932, Gesammelte Vorträge S. 196f. und Mitteilungen des deutschen Hochschulverbandes, Bd. 12 (1932), S. 154. Vgl. andererseits aber auch L. Helbing, Der dritte Humanismus, 1932, insbesondere z. B. S. 21, 36, 44.

[192] Vor allem Troeltsch, Die Bedeutung des Protestantismus für die Entstehung der modernen Welt, 1928.

[193] Gogarten, Politische Ethik, S. 208ff.

[194] Köttgen, Blätter für deutsche Philosophie, Bd. V, S. 215; ähnlich Lohmann a. a. O. 52.

[195] Vgl. z. B. de Quervain a. a. O. S. 33, 53, 56, 60, 64; schärfer noch Brunner, Das Gesetz und die Ordnungen, 1932, insbesondere S. 444f., der geradezu den heutigen staatlichen Autoritätsschwund auf den Etatismus zurückführt, der das Eigenleben von Familie, Wirtschaft und Kultur zerstört hat.

Die Auflösung der liberalen Demokratie in Deutschland 75

neuen Lebens, sondern Erhaltung gegebenen Lebens" ist das Amt des Staates[196]. „In der weisen Beschränkung, in der Ablehnung eines mythischen Imperialismus", der nicht der durch den Geist des Protestantismus bedingten, „besonderen Gebrochenheit der Situation auf deutschem Boden" entspricht, wird heute von protestantischer Seite der spezifische Sinn der Autorität im neuen Reich erblickt[197].

Nach alledem ist kein Zufall, wenn bei den verschiedenen Reformprojekten zur Weimarer Verfassung in steigendem Maße die Tendenz hervortritt, den mit einem totalen Staat nicht vereinbaren, zweiten Teil der Weimarer Reichsverfassung nur zu „reinigen" und grundsätzlich unangetastet zu lassen[198]. Man hat sogar aus diesem Grunde den inneren Zusammenhang zwischen dem ersten, organisatorischen Teil der Reichsverfassung und dem Grundrechtsteil geleugnet und aus der Weimarer Reichsverfassung „zwei verschiedene, einander gegenüberstehende" Verfassungen mit „verschiedener Art von Folgerichtigkeit, verschiedenem Geist und verschiedenem Boden" zu konstruieren versucht[199], von denen die eine mit ihrem „prinzipiell wertneutralen, funktionalistischen Legalitätssystem" den demokratisch-parlamentarischen Gesetzgebungsstaat und die andere den Versuch „einer substanzhaften Ordnung der natürlichen Kräfte des Volkstums" enthalten soll, durch die die freie Persönlichkeit ebenso anerkannt wie den öffentlichen Körperschaften, in denen die autonomen Lebensbereiche vor allem der Kultur und Religion von Verfassungs wegen organisiert sind, die freie Entfaltungsmöglichkeit gesichert wird. Diese Tendenz, die Verfassungsfrage von der Seite

---

[196] So D. Bonhoeffer, Das kommende Reich, 1933, S. 37.
[197] de Quervain a. a. O. S. 35. Vgl. in diesem Zusammenhang auch noch Tillich, Religiöse Verwirklichung, 1930, S. 219f., 228, und Kroner, Kulturphilosophische Grundlegung der Politik, 1931, S. 90.
[198] Etwa v. Papen in der am 11. Oktober 1932 vor dem Industriellenverband in München gehaltenen Rede und Triepel, Deutsche Allgemeine Zeitung v. 2. April 1933. Ferner C. Schmitt und Huber in den in den folgenden Anmerkungen zitierten Schriften. Vgl. auch Stoll, Deutsche Juristen-Zeitung, Bd. 38 (1933), Sp. 281f.; Bedenken dagegen etwa bei Hensel ebenda Sp. 45f.
[199] So C. Schmitt, Legalität und Legitimität, S. 40ff.; insbesondere zu den folgenden Zitaten S. 47 und 98. Dagegen schon in anderem Zusammenhang Smend, Bürger und Bourgeois im deutschen Staatsrecht, S. 13f.

der Grundrechte neu aufzurollen, ist noch dadurch verstärkt worden, daß diese nicht mehr als an dem selbstherrlichen Individuum orientiert, sondern immer mehr entsprechend altdeutscher Rechtsauffassung als dem Staate zugewandt und die natürlich gegebenen, vielfältigen Formen und Einrichtungen des Volkstums sichernd betrachtet werden[200]. Und besteht der Eigenwert der Grundrechtsordnung im Sinne des spezifischen Nationsbegriffes tatsächlich heute darin[201], daß „die Volksordnung in ihrer natürlichen Wesensgesetzlichkeit aufbauend und tragend in den politischen Bereich einbezogen wird[202]", so ist es nur folgerichtig, den als werthaft anerkannten zweiten Teil der Weimarer Reichsverfassung zum Ausgangspunkt der künftigen Reform von Staat und Verfassung zu machen.

Offen bleibt nun nur noch die Frage, wie dieser autoritäre Staat von vielleicht totaler Prägung dem politischen Formprinzip nach möglicherweise strukturiert sein wird. Denn die Formel vom autoritären und totalen Staat enthalten nur sinnbezogene Hinweise auf allgemeinstaatliche Gestaltungsprinzipien. Sieht man von dem heute zur äußeren Form gewordenen Einteilungsmaßstab von Republik und Monarchie ab[203], so kann ein solcher Staat entweder in der Gestalt der Diktatur oder Demokratie politisch Wirklichkeit werden. Demokratisch wäre ein solcher Staat nach dem eingangs Gesagten dann organisiert, wenn das Volk als politisch ideelle Einheit die oberste universale Entscheidungsinstanz innerhalb des Staates sein würde und ein in Freiheit und regelmäßig, aber nicht notwendig in der Form von Wahlen sich äußernder, egalitärer Gemeinschaftswille vorhanden wäre, der sich aus dem Willen der Mehrheit der Aktivbürgerschaft formieren würde. In diesem Fall, aber auch

---

[200] Hierzu vor allem jetzt Huber, Archiv für öffentliches Recht, N. F. Bd. 23, S. 1ff., insbesondere S. 79ff., 89f., 97f.
[201] Was hier dahingestellt sei.
[202] Huber a. a. O. S. 92, 98.
[203] Ein Versuch, den Begriff der Republik wieder inhaltlich zu bestimmen und damit zugleich diese in Gegensatz zur Demokratie zu stellen, neuestens bei Wolff, Organschaft und Juristische Person I, Juristische Person und Staatsperson, 1933, S. 471f., 477f.

Die Auflösung der liberalen Demokratie in Deutschland 77

nur dann, würden Demokratie und autoritärer Staat sich miteinander verbinden und würden Demokratie und Autorität keine Gegensätze bilden[204]. Andernfalls würde der autoritäre und möglicherweise totale Staat ein diktaturförmiges Gepräge tragen. Aber auch damit wäre der Bezug zum Volke nicht schlechthin gelöst, weil heute auch diktaturförmige Staaten auf die Dauer nicht einer tieferen, d. h. in freiem Bewußtsein gesetzten, plebiszitären Fundierung — ohne allerdings die Mehrheit der Bevölkerung umfassen zu müssen — entraten können. Hierdurch unterscheiden sich die auf längere Dauer angelegten Diktaturen von irgendeinem, von oben nach unten regierenden, heute stets kurzlebigen, autoritären Despotismus im Sinne „einer unmittelbar auf Gewalt begründeten Herrschaft, die an keinerlei Gesetze gebunden ist" (Lenin).

Diese Gegensätzlichkeit von Demokratie und Diktatur ist aber letzten Endes nicht eine unbedingte und absolute. Vielmehr kann sich zum mindesten potentiell auch die Diktatur mit der Demokratie verbinden. So erhält ein demokratisch-autoritär, wenn auch nicht notwendig parlamentarisch organisierter Staat ein diktaturförmiges Gepräge, wenn die staatlichen Machtmittel mit dem Willen der Mehrheit gegen einen konkret bestimmten Gegner eingesetzt werden[205]. In der Gegenwart z. B. muß sich ein totaler Staat, auch wenn er auf dem Boden der Demokratie erwächst, sich zwangsläufig zu einer Diktatur entwickeln. Denn ein totaler Staat kann sich heute gar nicht konstituieren, ohne daß diffentierende Minderheitsgruppen und Gegenkräfte physisch oder geistig vernichtet werden[206]. Und zwar wäre eine solche demokratische Diktatur, die demokratisch nur solange bleiben würde, als sie sich durch einen Majoritätsbeschluß legitimieren lassen würde, nach der von C. Schmitt eingeführten Unterscheidung im Gegensatz zu der

---

[204] Aus der französischen Literatur etwa Hubert, Le principe d'autorité dans l'organisation démocratique, 1926. Als notwendige Ergänzungen werden Demokratie und Autorität z. B. auch von v. Papen in einer am 8. November 1932 vor der ausländischen Presse gehaltenen Rede bezeichnet.

[205] Daß die Existenz des „Gegners" für den Begriff der Diktatur entscheidend ist, hat sehr mit Recht vor allem C. Schmitt, Die Diktatur, 1921, S. 135f. bemerkt. Vgl. auch Forst de Battaglia a. a. O. S. 384f.

[206] Diese Gegenkräfte brauchen nicht notwendig demokratischer Natur zu sein, wie Hermens, Demokratie und Kapitalismus, S. 63 meint.

von der Verfassung vorgesehenen, sich im Rahmen des Grundgesetzes bewegenden, kommissarischen Diktatur eine souveräne Diktatur, d. h. eine sich unmittelbar am pouvoir constituant des Volkes orientierende Diktatur, „die die gesamte bestehende Ordnung durch ihre Aktion beseitigen will" . . ., die „nicht eine bestehende Verfassung kraft eines in dieser begründeten, also verfassungsmäßigen Rechts suspendiert, sondern einen Zustand zu schaffen sucht, um eine Verfassung zu ermöglichen, die sie als wahre Verfassung ansieht[207]". In diesem Sinne haben z. B. sehr im Gegensatz etwa zu der Annahme von Bryce, nach der „bei einem Volk mit Selbstregierung die Majorität mit ziemlicher Gewißheit von dem Wunsche beseelt ist, jedem Volksgenossen die alten gewohnten Sicherheiten der Person und des Eigentums zu gewährleisten", Marx und Engels — anders wie im übrigen die Führer der russischen Revolution — die proletarische Diktatur als eine auf die vollkommene Vernichtung des Gegners, nämlich der Bourgeoisie, gerichtete, souveräne Diktatur der Mehrheit der Bevölkerung gedacht[208]. Ähnlich in der Form tendiert oder hat jedenfalls der deutsche Nationalsozialismus dahin tendiert, mit Hilfe einer souverän-diktaturförmig gehandhabten Demokratie den Einparteienstaat zu verwirklichen[209].

Aber auch die reine Diktatur steht heute nicht beziehungslos zur Demokratie. Denn der Ort des Diktators hat, wie Tillich[210] einmal bemerkt, an sich noch keine Weihe. Die Diktatur ist nicht ein parmanenter Zustand, sondern ein Provisorium. Selbst die demokratisch-revolutionäre Diktatur des Proletariats im Sinne des Marxismus ist nicht als etwas Definitives, sondern als ein Übergangszustand gedacht, die sich nach Erreichung ihres Zieles überflüssig machen soll. Daher muß es das Ziel jeder Diktatur sein,

---

[207] C. Schmitt, Diktatur a. a. O. S. 137.

[208] Besonders deutlich Engels in der auch bei Lenin, Staat und Revolution, 1918, S. 64 zum Abdruck gebrachten Kritik von Engels am Erfurter Programm vom 29. Juni 1891: „Die Form der demokratischen Republik ist die spezifische Form für die Diktatur des Proletariats, wie schon die große französische Revolution gezeigt hat." Vgl. Adler, Marxismus a. a. O. S. 200ff. und Politische oder soziale Demokratie, S. 100ff.

[209] Von einem solchen muß man so lange sprechen, als nicht die Partei über sich selbst hinausgewachsen ist und unter Vernichtung aller anderen Parteien zu einer das ganze Volk umfassenden, freien Gemeinschaft geworden ist.

[210] Religiöse Verwirklichung, S. 227.

einmal die Diktatur selbst als notwendig zu erweisen, sodann aber darüber hinaus, um die Diktatur von einem willkürlichen Despotismus zu unterscheiden, durch Verfolgung eines außerhalb der Diktatur liegenden Zweckes diese für die Zukunft als entbehrlich erscheinen zu lassen [211]. Deshalb ist auch die grundsätzliche Tendenz nicht demokratisch unterbauter, souveräner Diktaturen in der Gegenwart regelmäßig eine demokratische. Das Ziel solcher Diktaturen ist die Demokratie, und zwar entweder in der traditionellen Gestalt, bei der sich eine bestimmte Art Liberalismus mit der Demokratie verbindet — so etwa, wenn die parlamentarische Form der Demokratie, weil nicht mehr von der Mehrheit gebilligt, im Namen der Demokratie suspendiert wird und der Diktator die Gestalt des Fichteschen Zwingherrn zur Freiheit annimmt — oder in der Form der totalen Demokratie. Der Faschismus hat z. B. in diesem Sinne die Intention, in Zukunft ein zwar antiliberales, aber doch demokratisches Staatsbild von total-autoritärer Prägung herauszustellen. Ähnlich ist — wenn auch inhaltlich vom Faschismus völlig verschieden — das Ziel des Bolschewismus, eine neue Gemeinschaft, nämlich die absolute Demokratie der klassenlosen Gesellschaft herzustellen, die nach marxistischer Auffassung die kapitalistische Diktatur, die die politische Demokratie verfälscht, ablösen soll. Beide, Faschismus und Bolschewismus, sind somit, unbeschadet ihrer inhaltlich wesensmäßigen Gegensätzlichkeit, in ihrer grundsätzlichen Tendenz, trotz ihrer jedenfalls ursprünglich antidemokratischen Haltung, für die Zukunft demokratiebetont [212]. Auch diese Möglichkeit einer Verbindung von Demokratie und Diktatur beweist, daß die Diktatur — auch als nicht demokratische, souveräne Diktatur — nicht allgemein als die Aufhebung und der entscheidende Gegensatz der Demokratie bezeichnet werden kann [213].

---

[211] Sehr gut schon C. Schmitt, Diktatur, VIII: „Eine Diktatur, die sich nicht abhängig macht von dem einer normativen Vorstellung entsprechenden, aber konkret herbeizuführenden Erfolg, die demnach nicht den Zweck hat, sich selbst überflüssig zu machen, ist ein beliebiger Despotismus."
[212] Vgl. auch C. Schmitt, Parlamentarismus, a. a. O. S. 22, 38.
[213] So schon sehr mit Recht C. Schmitt, Diktatur VI und Lage des Parlamentarismus, S. 37, 41. Vgl. auch Adler, Marxismus a. a. O. S. 198, und Politische oder soziale Demokratie, S. 100ff.; Salomon, Verhandlungen des fünften Soziologentages, S. 109.

Printed by Libri Plureos GmbH
in Hamburg, Germany